会得功名就，扁舟寄此身

李兵谈科举与考试文化

李 兵 ◎ 著

湖南教育出版社

图书在版编目(CIP)数据

会待功名就，扁舟寄此身：李兵谈科举与考试文化／李兵著．—长沙：湖南教育出版社，2018.2
ISBN 978－7－5539－5977－1

Ⅰ.①会… Ⅱ.①李… Ⅲ.①科举制度－中国－通俗读物 Ⅳ.①D691.3－49

中国版本图书馆 CIP 数据核字(2017)第 299976 号

会待功名就，扁舟寄此身——李兵谈科举与考试文化
HUI DAI GONG MING JIU, PIAN ZHOU JI CI SHEN——LI BING TAN KEJU YU KAOSHI WENHUA

作　　者：	李　兵
图书策划：	汪文达
责任编辑：	罗佳鑫　初虎林
责任校对：	周　彬
版式设计：	胡　子
出版发行：	湖南教育出版社(长沙市韶山北路 443 号)
网　　址：	http://www.hneph.com
电子邮箱：	hnjycbs@sina.com
客　　服：	电话 0731－85486979
经　　销：	湖南省新华书店
印　　刷：	湖南雅嘉彩色印刷有限公司
开　　本：	710mm×1000mm　16 开
印　　张：	14.5
字　　数：	187000
版　　次：	2018 年 2 月第 1 版　2018 年 2 月第 1 次印刷
书　　号：	ISBN 978－7－5539－5977－1
定　　价：	39.80 元

本书若有印刷、装订错误，可向承印厂调换

"遇见"科举

大多数人每天会遇见很多人,也会遇见很多事,但能留下深刻印象的人和事应该寥寥无几。尽管如此,常常有些不经意的遇见也许能成为挥之不去的记忆,让遇见成为一种美丽,真有"金风玉露一相逢,便胜却,人间无数"之感。

16年前,我"遇见"科举多少有一些偶然,但对科举却好像一见如故,犹如"与君初相识,犹如故人归",并结下不解的缘分,此后无论是撰写论著、研究课题,还是开设讲座、参加会议、主讲课程等基本都与科举有关,科举逐渐成为我工作中的最重要内容。

爱屋也许真的会及乌。自从"遇见"科举后,在翻阅书籍时,遇见"科""举""进士""举人""状元""金榜""登科""三元"等字眼,我都会眼前一亮,下意识地去仔细搜寻其中与科举相关的信息;在各地出差时,遇见科举遗存或者博物馆中有科举相关的陈列,我都会挤出时间前往参观,很多次都体会到了孟郊及第后"春风得意马蹄疾,一日看尽长安花"的满足感,科举自然而然地成为我生活的一部分。

《孟子》云:"独乐乐不如众乐乐。"随着时间的推移,我对科举的认识也不断加深,它所追求的公开报考、平等竞争和择优录取的理念仍然适应现代社会,它不该在"扼杀人才的制度"的骂声中被淹没,我由衷地希望有更多人"遇见"真实的科举,进而认识到科举的价值之所在。

"君子藏器于身,待时而动",我让更多人遇见真实科举的念头也在逐步付诸实践。2008年,全国电视讲坛节目比较火爆,湖南一家电视台也开设文史类讲坛,我应邀去录制了《科举古今谈》18讲,面向湖南全省播出。尽管无论是策划准备、讲座经验,还是录制水平都使这一节目还存在诸多不足,但是在电视开机率、收视率都相当高的年代,让不少湖南电视观众"遇见"了我讲的科举。

4年后的2012年,中央电视台社会与法频道(CCTV12)《法律讲堂》栏目组编导联系我,约我主讲《科场大案》。从选题策划、撰写讲稿、节目录制,到断断续续播出50余集,我前后用了4年多时间。这一档节目无论从制作水平,还是播出平台都达到了相当高的水准,吸引了不少全国的电视观众,让他们从惊心动魄的科场大案中又遇见了我讲的科举。

到2015年,互联网迅猛发展,网络课程风行一时,我又录制视频课程《科举与中国文化》,在"中国大学慕课网"和"学堂在线"同时线上开课,今年又被教育部确定为国家精品视频课程。两年多来,已经有超过两万网民通过线上学习遇见了我讲的科举。

各种媒体手段的运用,让普通人"遇见"科举成为一种可能,但电视节目播出受制于时段,网络课程受制于开课时间,而且无法具体、直观地呈现出来,遇见者对科举的真实感受程度比较低。

2013年,南京市决定在江南贡院的遗址上建设南京中国科举博物馆,希望通过陈列科举文物、遗存展现千年科举。也许知道我之前有承担中国书院博物馆陈列内容设计的经历,建设方邀请我承担陈列大纲的撰写和内容设计工作。在此后的三年多,我的主要精力和时间都放在撰写陈列大纲、展陈内容,以及与形式设计方确定展陈方案等工作之上。目前,这座已经建成开馆的科举博物馆无论在展陈面积、展陈手段,还是展陈内容的全面性和准确性,都已经达到了全国同类型博物馆的最高水准。置身其中，遇见者往往会惊叹科举制度的缜密、古代士子应试的艰辛，赞叹金榜题名的荣耀，感受科举的巨大影响……"遇见"科举变得有质感、有温度。

《诗经》有云："邂逅相遇，与子偕臧。"只有真正了解科举，才能发现其魅力与价值，"遇见"后才会真与它结缘，否则即便遇见也会是形同陌路。我在现实中、网络上遇见过很多科举"遇见者"，他们会提出各种关于科举的问题，希望更加全面、更加深入认识科举。作为一名与科举"邂逅相遇"的结缘者，我把这些问题收集、累积起来，并以简短的文字逐一进行解答，结集成这本小书。我希望它的付梓能成为我与其他遇见者美丽邂逅的媒介，让我有机会能与他们在了解科举、认识科举的道路上"偕臧"而行。

"遇见"让我的工作、生活都有了寄托，这是我人生之幸；遇见科举的众多"遇见者"让我在科举的求索之路上信心满满，这何尝不是我的人生之福？！

以是文代序。

2017 年 8 月

目 录

壹 滥觞 / 001

001 科举废除已逾百年为何我们还是对它"念念不忘"？/ 003

002 什么是广义上的科举？/ 005

003 哪些历史名人是通过察举选拔的呢？/ 007

004 察举制走向末路的原因是什么？/ 010

005 "狭义科举"的产生是否定"广义科举"的结果吗？/ 011

006 隋炀帝的与修建大运河一样伟大的另一功绩是什么？/ 013

贰 发展 / 015

007 为什么唐代读书人50岁能考中进士还算小年轻呢？/ 017

008 唐代读书人对于进士的痴迷真到了不惜牺牲女儿幸福的程度吗？/ 018

009 为什么说唐太宗时设立的自然科学考试科目要比欧洲早千余年呢？/ 020

010 白居易、柳宗元都参加的制科是什么类型的考试呢？/ 020

011 考生报考时，没有照相技术，那么怎么来辨别考生的相貌呢？/ 021

012 "破天荒"这个成语真跟科举考试有关吗？/ 023

\013 唐代进士科主考官可以在考试前基本确定录取名单吗？/ 024

014　哪一首诗让白居易得到文坛大佬的点赞推荐呢？/ 025
015　到处求推荐的"诗圣"杜甫为何最终没能考上进士？/ 027
016　"诗仙"李白为何就是考不上进士呢？/ 028
017　唐朝的"省试"是指什么省的考试？开考和放榜各是什么时候？/ 029
018　唐代考生为何敢当面呛主考官呢？/ 030
019　科举与唐诗的繁荣有什么关系呢？/ 032
020　"春风得意""走马观花"这些成语真是唐代进士及第后发明的吗？/ 033
021　及第和落第对于读书人到底有多大影响？/ 034
022　唐代进士被任命为官员的时候也要看脸吗？/ 035
023　为什么唐代有主考官将自己录取的进士比作购置的良田？/ 036
024　唐代哪些名人是科举选拔的呢？/ 037
025　武举人、武进士都是武林高手吗？/ 040
026　武举为什么不受重视呢？/ 041
027　谁把进士从"座主门生"变成"天子门生"？/ 041
028　密封试卷的规定始于哪个皇帝呢？/ 042
029　如何防止考官通过辨认考生笔迹打人情分呢？/ 044
030　宋代人发明的哪一种阅卷方法我们现在还在用呢？/ 045
031　为什么秦桧想尽一切办法都没能让儿子和孙子考中状元呢？/ 046
032　为什么殿试的淘汰率为零呢？/ 047

033　科举考试为什么要三年才举行一次呢？／048

034　关于科举改革，司马光和欧阳修为什么事吵得不可开交？／049

035　辽朝为什么严禁契丹族读书人参加科举？／051

036　金朝科举入场搜检时，真会挖考生的耳朵和鼻孔吗？／051

037　科举制度为什么会在元朝中断30多年？／053

038　元朝的蒙古人考进士真的很容易吗？／053

039　"只识弯弓射大雕"的蒙古贵族为何会将程朱理学作为科举考试内容？／055

叁　完善 / 057

040　明太祖朱元璋为何在科举选材和推荐选材之间摇摆不定呢？／059

041　什么是"南北榜"或者说"春夏榜"呢？／060

042　那些被朱元璋凌迟处死的考官们真的舞弊了吗？／062

043　朱元璋为什么要制造一起血腥的科场冤假错案呢？／063

044　明朝会试怎么解决录取名额的地域平衡这一难题呢？／064

045　科举时代哪些身份的人没有报考资格？／065

046　为什么一些身份特殊的人员没有报考资格？／066

047　历史上真有女扮男装高中状元的女性吗？／068

048　太平天国的傅善祥真是中国历史上唯一的女状元吗？／068

049　无法参加科举的女性真的就与科举绝缘了吗？／069

050　为什么明清时期科举及第者的年龄越来越大？/ 071

051　百岁老人参加考试是个传说吗？/ 072

052　清代对年老考生坚持应试有什么奖励吗？/ 073

053　98岁的老人考中举人之后，他为什么会把自己比喻为"老处女出嫁"呢？/ 073

054　除范进外，《儒林外史》里还刻画了哪些白发苍苍的老考生呢？/ 074

055　主考官会给予年老考生特殊关照吗？/ 075

056　有主考官歧视年老考生吗？/ 076

057　多大的孩子能报名参加科举考试呢？/ 077

058　科举时代没有照片怎么防止考生代考呢？/ 079

059　科举报考怎么保证考生材料的真实性呢？/ 080

060　为什么有些七八十岁的读书人依然被称为"童生"呢？/ 081

061　童试是指一次考试吗？/ 082

062　清代县试很容易考吗？/ 082

063　清代县试公布录取名单的圆形榜单到底是怎么写的呢？/ 083

064　学政是管什么的官？/ 084

065　院试要求考生答题时一定要写草稿吗？/ 085

066　什么是"小三元"呢？清代秀才服是什么样的呢？/ 086

067　所有的秀才都有资格参加接下来举行的乡试吗？/ 087

068　乡试是指在乡村举行的考试吗？/ 088

069　什么级别的官员有资格担任乡试主考官呢？／089

070　乡试正副主考官是如何选的呢？／090

071　乡试的正副主考官为什么要分批从京城选派？／092

072　正副主考官从京城前往考点时，有专车吗？有补贴吗？／093

073　每个乡试考场具体负责阅卷的同考官数量有多少？／094

074　考生赴考的路费全部由自己承担吗？／094

075　考生到考点之后，住在哪里呢？／095

076　住不起客栈的穷考生真的只能露宿街头吗？／096

077　什么是贡院？贡院是如何逐渐发展成规制完整的建筑的呢？／097

078　贡院中有一座三层高的楼房是用来干什么的呢？／098

079　负责考务和试卷处理的官员有专门的办公场所吗？／100

080　命题、刻印试卷、阅卷等都在贡院进行吗？／101

081　为什么说中国古代考场的设计是全世界最巧妙、最实用的呢？／102

082　考生需要在考场中过夜，他们晚上能睡得好吗？／104

083　考生在考场中生病了该怎么办呢？／105

084　一座贡院能同时容纳多少考生考试呢？／106

085　考生如何在被称为"考试之城"的贡院中找到属于自己的座位呢？／107

086　考生在考场中吃什么？喝水问题怎么解决？／108

087　考场中座位的位置真的能决定考生的命运吗？／109

088　乡试考生交卷出场时,为什么手里会拿根竹棍子呢？/ 110

089　考生的试卷被密封后,怎么知道哪份试卷属于哪个考生呢？/ 111

090　将所有考生答卷誊抄一遍,需要多少人来专门抄写呢？/ 112

091　什么措施可以保证考生的答卷与抄写的副本完全一致？/ 112

092　乡试考官评卷的标准是什么？/ 113

093　负责具体阅卷的同考官怎么让优秀的试卷被主考官录取呢？/ 113

094　什么是"搜落卷"？"晚清四大名臣"之一的左宗棠真是通过"搜落卷"被录取的吗？/ 114

095　为什么阅卷的考官工作时要使用不同颜色的笔？/ 115

096　公布乡试录取名单的榜单为什么称为桂榜、龙虎榜？/ 116

097　鹿鸣宴是什么？哪些人有资格参加呢？/ 117

098　哪些人有资格参加会试？会试在什么时候举行？/ 119

099　为什么皇帝主持的考试称殿试呢？清代殿试是在紫禁城哪座大殿中举行？/ 120

100　殿试也是要求考生写八股文吗？/ 120

101　殿试答题有哪些特别的要求呢？/ 121

102　殿试后评卷时,考官是用什么符号来计分呢？/ 123

103　每一份殿试考卷真需要八位考官评阅吗？/ 124

104　书法水平真的是评阅殿试卷的主要标准吗？/ 125

105　孙曰恭、吴情是因为姓名到手的状元让皇帝给撸掉了吗？/ 126

106 胡长龄、王寿彭是因为姓名寓意长寿被取为状元的吗？/ 127

107 刘春霖真是因为姓名吉利被慈禧太后定为末科状元的吗？/ 129

108 乾隆皇帝为什么破例亲自将这两个人的殿试名次对调呢？/ 131

109 什么是大金榜和小金榜呢？/ 132

110 清代放榜之后，新科进士还要参加哪些活动呢？/ 133

肆 弊端与停废 / 135

111 唐代大诗人温庭筠确实当过代考的枪手吗？/ 137

112 大文豪苏轼想徇私录取"苏门六君子"之一的李廌为何以失败告终？/ 137

113 敢公开辱骂主考官的考生竟然能高中状元？/ 139

114 大诗人陆游参加科举的时候为什么会被秦桧暗算呢？/ 140

115 "江南第一才子"唐伯虎是因为舞弊没有考上进士吗？/ 141

116 清朝代考有什么新花样？/ 142

117 乾隆皇帝真的规定考生入场时要搜检到他们的内衣内裤吗？/ 143

118 科举时代真有人用鸽子充当传递舞弊的工具吗？/ 144

119 科举舞弊中的"通关节"是怎么操作的呢？/ 145

120 清代对哪种舞弊者会毫不留情地处以斩立决呢？/ 146

121 顺治皇帝会因为一起舞弊案处死一省乡试的全部20名考官吗？/ 147

122　中国历史上因为科举舞弊被处斩立决的级别最高的官员是谁？/ 148

123　著名的状元实业家张謇曾经也是"高考移民"吗？/ 149

124　科举时代为什么要严厉打击"高考移民"呢？/ 150

125　鲁迅先生家从"小康坠入困顿"是因为一起科场舞弊案吗？/ 151

126　清代科举制度密不透风，为什么科场大案还是层出不穷呢？/ 152

127　一部科举史，真是一部舞弊史吗？/ 153

128　八股文到底是什么样的文体呢？/ 155

129　八股文为什么能沿用500多年呢？/ 156

130　为什么说八股文是科举时代的客观题呢？/ 157

131　进士出身的蔡元培对八股文作出了怎样的正面评价？/ 158

132　著名学者俞樾出了什么样的奇葩考题，让自己差点丢掉性命？/ 159

133　如果碰到偏题怪题，考生们会如何机智应对？/ 161

134　顾炎武为什么会说八股取士的危害超过秦始皇的焚书坑儒呢？/ 162

135　设立算学科在清末改革科举中有何意义呢？/ 163

136　八国联军侵华之后，慈禧太后实行了哪些改革科举的举措呢？/ 164

137　1905年清廷为什么要宣布立即废止科举呢？/ 165

138　为什么说废科举在清末有其历史必然性？/ 166

139　废科举有什么积极意义呢？/ 167

140　有哪些学者批评过废科举之举呢？/ 168

伍 影响 / 169

141 宋代的"四大喜""四大悲"为什么都会将科举列入其中呢? / 171
142 宋代科举到底选拔了哪些人才? / 172
143 秀才、举人、进士大致相当于现在的什么学位呢? / 176
144 考中秀才以后有资格做官吗? / 178
145 考中举人能给读书人带来什么好处呢? / 179
146 考取进士之后,一般会被授予什么品级的官职? / 180
147 北京国子监进士题名碑到底有多少通呢? / 181
148 什么是"三元及第"呢?科举史上有哪些人"三元及第"呢? / 182
149 大魁天下的状元一定会被皇帝招为驸马吗? / 183
150 毛泽东曾经说:"历来状元就很少有真正好学问的",科举选拔的人才是高分低能吗? / 184
151 明代状元都来自哪个省、哪个县呢? / 185
152 清代哪个省、哪个县的状元最多呢? / 189
153 清代殿试第二名榜眼和第三名探花的数量哪个省最多呢? / 193
154 明代科举选拔的杰出的人才有哪些呢? / 194
155 近代的这些名人都是进士,你知道吗? / 197
156 科举选拔的官员在官僚体系中占多大比重呢? / 200
157 科举能选拔出治国理政的人才吗? / 201

158　科举选拔的人才在国家危难关头能挺身而出吗？/ 202

159　科举真能让"朝为田舍郎，暮登天子堂"成为现实吗？/ 203

160　连吴敬梓、蒲松龄都落榜了，是不是有才华的人都考不上科举？/ 204

161　科举阻碍了中国古代科学的发展是真的吗？/ 205

162　科举是导致中国在明清时期落后于西方的罪魁祸首吗？/ 206

163　外国人能参加中国的科举考试吗？/ 206

164　有哪些国家效仿中国实行了科举制度呢？/ 207

165　科举对西方国家的文官考试制度是否有影响呢？/ 208

166　科举为什么会被学者称为中国的"第五大发明"？/ 209

167　科举对现代社会还有什么价值呢？/ 210

168　科举与高考有什么异同呢？/ 210

169　科举都停废了，高考还要继续存在吗？/ 212

主要参考书目 / 213

后记 / 215

壹

滥觞

太宗皇帝真长策,赚得英雄尽白头。
芸台四部添新库,秘殿三年学老郎。

001 科举废除已逾百年
为何我们还是对它"念念不忘"？

1905年9月2日（农历八月初四），清廷在袁世凯、张之洞等大臣的奏请下，宣布立即停废科举，科举停废的时间已经超过110年。与其他被停废的历史制度不同，大多数人对科举依然不陌生，不少人还能对一些科举人物信手拈来，还能侃几个科举人物的故事。

首先，这当然要归功于中小学语文教材选用了《范进中举》《孔乙己》这样的课文，让接受过九年义务教育的人几乎都记住了范进、孔乙己这两个科举人物，这两个人物形象已经成为不少人头脑中抹不去的记忆。现在只要有人提起科举，人们自然而然地会想到中举后发疯的范进，身穿长衫、排着几文铜钱买茴香豆的孔乙己。

其次，在大量的戏曲、影视作品中，科举成为重要的题材，普通大众通过戏曲、影视剧中的人物和情节了解到科举。比如，京剧《铡美案》的主角是书生陈世美，他进京赶考，高中状元，被皇帝招为驸马。之后，薄情寡义的陈世美为保住自己的幸福生活，居然派人刺杀自己的结发妻子秦香莲，最后被包青天用铡刀处死。陈世美因此成为负心男人的代名词，遭人唾骂。黄梅戏《女驸马》是科举题材的戏曲代表作之一，剧中女主角冯素珍为救未婚夫——"多情"的李公子，毅然女扮男装，进京赶考，她巾帼不让须眉，一举高中状元。她中状元后的那段唱词成为黄梅戏中的经典唱段："为救李郎离家园，谁料皇榜中状元，中状元着红袍，帽插宫花好啊，好新鲜！我也曾赴过琼林宴，我也曾打马御街前，人人夸我潘安貌，原来纱帽罩婵娟……"向来对节目选择十分挑剔的《春节联欢晚会》，居然多次选用这一唱段，让冯素珍这个女状元形象深入人心。

电视剧也有不少以科举为题材的,由著名演员李保田、张国立、王刚等人主演的《宰相刘罗锅》中,有刘罗锅带领考生抗议考官舞弊的情节。由唐国强、焦晃等人主演的《雍正王朝》中,有河南秀才为抗议田文镜推行的秀才"一体当差,一体纳粮"而罢考乡试的情节。由李保田、陈锐等主演的三十集电视连续剧《跃龙门》,则是以康熙五十年(1711)江南乡试舞弊案为题材,全面展示了这起舞弊案错综复杂的案情。

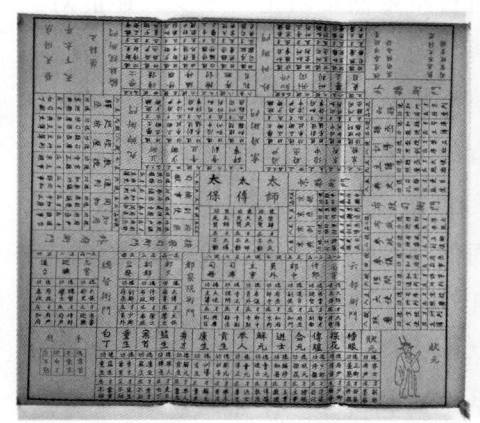

升官博戏图

白瓷魁星点斗

再次,大量的科举遗存散布在全国各地的城市、乡村。如南京的江南贡院、云南大学内的云南贡院至公堂、兰州大学内的甘肃贡院至公堂,以及四川阆中贡院、河北定州贡院等都是典型的代表。还有北京国子监的198通进士题名碑,各地的题名碑、科举牌坊、旗杆石、桅杆、进士第、举人第、祠堂,以及分布在全国各类博物馆的科举文物等,这些遗存成为其所在地的历史、人文的见证。不仅如此,一些地区的习俗、民风还与科举密切关联。如在闽南、台湾等地,至今还流行中秋节博状元饼的习俗,秀才、举人、进士、解元、会元、状元等专有名词成为一种游戏名词。因为有博状元饼的习俗，这些地区的中秋节往往热闹非凡。

最后，一些与科举直接相关的名词成为大家耳熟能详的日常用语。比如状元、榜眼、探花、进士、举人、秀才、八股文，以及三元及第、五子登科、五子夺魁、鱼跃龙门、独占鳌头、魁星点斗、名落孙山等。尽管人们现在使用这些词汇时，并不一定会想到去了解科举，但客观上科举离我们并不遥远。

002 什么是广义上的科举？

科举有广义与狭义之分，广义科举一般包括汉代的察举制度，狭义科举一般是指隋代创立的进士科举。

刘邦建立统一的西汉王朝后，认识到文治与武功有所不同，需拔取一些"贤者智能"之士来管理国家政务。据《汉书·高帝纪》所载，在汉高祖十一年（前196）二月，曾发布了一道著名的求贤诏书，大意说：以往周文王和齐桓公皆因善待贤人而成名，当今天下"贤者智能"之士也不亚于古人，问题在于贤士们没有进身的途径。为此，特布告天下，"贤士大夫有肯从我游者，吾能尊显之"。这是中国历史上帝王第一次公开下诏广泛察举人才。

真正具有考试性质的察举是从汉文帝时开始的。汉文帝十五年（前165）诏举贤良，采用了策问这种考试方法，这是中国历史上最早的一次策试。据《汉书·晁错传》所载，在这次考试的策题中，文帝还让应举者"著之于篇，朕亲览焉"，就是将考生答案书写在竹简或木简上（当时还没用纸），供皇帝亲自阅览。因此，汉文帝十五年是中国乃至世界考试史上很值得纪念的一年。这种皇帝下诏指定策试科目、地方长官举荐应试者、皇帝提出策问、举子对策回答然后区别评定等第的书面考试方式，此后一直被沿袭，成为中国古代一种重要的考试形式。汉唐间策试秀才孝廉、唐宋时制科策试、明清时殿试对策，书面考试被广泛使用，存在时间长达两千余年。

诏举制科到唐代成为科举制度的一个重要组成部分，用来选拔"非常之才"。只要我们明确制科是科举的一种形式，那么就应该承认早在西汉文帝时，科举制中的特科已开始出现了。不过，由于广义的科举，在选取人才方面总的说来还是以推荐举送为主，以考试为辅，因此，在考试文化的视角上我们还是将察举制称为科举制的前身，而一般使用狭义的，即严格意义的科举概念。

所谓察举，"察"即考察，"举"是举荐，察举制度是由官员察访人才、举荐给朝廷的制度。察举制度设立了贤良方正、孝廉、秀才、明经等科目，要求有推荐资格的官员根据科目向朝廷推荐人才。由于察举制度的前提是推荐，士子做官，取决于有人推荐。虽然察举制也逐渐采用考试的形式，但这种考试主要是水平考试，并非竞争性考试，也就是说考试仅仅是考核考生是否合格。应该说，察举制度是一种比较理想的官员选拔制度，通过推荐可以全面考察人才，通过考试可以再对士子进行一次有相对客观标准的考核，既可以避免一试定终身的缺陷，又能较好地消除因缺乏标准而徇私推荐的弊端。

003 哪些历史名人是通过察举选拔的呢？

在实施之初，察举制度确实选拔了不少有真才实学的官员。比如建元元年（前140）正月，汉武帝即位。当年十月，武帝便诏举贤良之士前后有数百人，其中最为突出的是时任博士的董仲舒。武帝在阅览其对策后颇为惊异和赏识，于是破例再出一道策问令其对答。在董仲舒著名的第三道对策中，他为儒学振臂高呼，希望汉武帝能禁止其他学术学派。此后汉武帝实行"罢黜百家，独尊儒术"的政策，由此发端，中国社会发展成为一个大一统的儒学社会，中国传统文化以儒学为核心，可以说董仲舒改写了中国的历史发展进程。除董仲舒之外，《汉书》《后汉书》中还记载了大量通过察举制度被选拔的人才，我们选择其中部分著名人物列表如下：

序号	姓名	所举科目	生平	史料
1	晁错	贤良方正	晁错（前200—前154），颍川（今河南省禹州市）人。汉文帝时，为太常掌故、太子家令。汉景帝时，任御史大夫。前154年，吴王刘濞会七国，以"诛晁错，清君侧"为名，起兵叛乱。晁错被处死	《汉书·文帝纪》《汉书》卷四十九《晁错传》

续表

序号	姓名	所举科目	生平	史料
2	公孙弘	贤良文学	公孙弘(前200—前121),字季,菑川薛县人。汉武帝建元元年(前140),以贤良征为博士。元光五年(前130)再次应贤良文学,对策擢为第一。汉武帝时曾任御史大夫,官至丞相,封平津侯。汉武帝朝有十余位丞相,仅公孙弘一人得以善终	《汉书》卷五十八《公孙弘传》
3	东方朔	贤良文学	东方朔(前154—前93),字曼倩,平原郡厌次县(今山东省惠民县)人,西汉辞赋家。汉武帝初即位,举天下方正贤良文学材力之士,东方朔因自荐授官	《汉书》卷六十五《东方朔传》
4	孔安国	明经	孔安国(生卒年不详),字子国,西汉鲁国曲阜人,习通经学与董仲舒齐名。汉武帝时拜为五经博士,历任都尉、谏议大夫、临淮太守等职	《汉书》卷八十八《儒林传》
5	左雄	孝廉	左雄(?—138),字伯豪,南阳涅阳(今河南镇平)人。汉安帝时,举孝廉,授冀州刺史。改革察举,左雄改制影响深远	《后汉书》卷六十一《左雄传》
6	陈蕃	孝廉	陈蕃(?—168),字仲举,汝南平舆(今河南平舆北)人。少年有志气。举孝廉,授郎中。汉桓帝时为太尉,汉灵帝时为太傅	《后汉书》卷六十六《陈蕃传》

续表

序号	姓名	所举科目	生平	史料
7	许慎	孝廉	许慎(约58—约147),字叔重。文字学家、语言学家。举孝廉,授官。其著作《说文解字》十五卷,是我国第一部说解文字原始形体结构及考究字源的文字学专著	《后汉书》卷七十九下《许慎传》
8	袁术	孝廉	袁术(?—199),字公路,汝南汝阳(今河南商水西南)人,袁绍之弟。举孝廉,授郎中。后为虎贲中郎将	《后汉书》卷七十五《袁术传》
9	曹操	孝廉	曹操(155—220),字孟德,沛国谯县(今安徽亳州)人。东汉末年杰出的政治家、军事家、文学家。20岁时举孝廉。曹操先担任东汉丞相,后为魏王,去世后谥号为武王。曹丕称帝后,追尊其为武皇帝,庙号太祖	《三国志》卷一《魏书·武帝纪第一》
10	孙权	孝廉、茂才	孙权(182—252),字仲谋,吴郡富春(今浙江富阳)人,三国时代东吴的建立者。15岁时,郡举孝廉,州举茂才。222年被魏文帝曹丕封为吴王,建立吴国,229年称帝	《三国志》卷四十七《吴书二·吴主传二》
11	黄盖	孝廉	黄盖(生卒年不详),字公覆,零陵泉陵(今湖南省永州零陵)人。东汉末年名将。以举孝廉任官	《三国志》卷五十五《吴书十·黄盖传》

续表

序号	姓名	所举科目	生平	史料
12	华佗	孝廉	华佗（约145—约208）沛国谯县人，东汉末年著名的医学家。他游学徐土，兼通数经，晓养性之术。沛相陈珪举孝廉，太尉黄琬辟，皆不就	《后汉书》卷八十二下《方术列传》

004 察举制走向末路的原因是什么？

尽管察举制度确实选拔了大量的人才，然而它本身确实存在着明显的缺陷。

由于察举制度推荐所依据的主要标准是读书人的道德水平和文学才华，而道德是很难用相对客观的、可操作的指标来衡量的。评定一个人的道德品质，主要通过其言行来考察，而一个人的言行又不一定完全代表他内心的真实想法。这也就是说，一个人完全可以道貌岸然、矫言饰行，尤其是当道德品质可以成为谋取功名利禄的条件的时候，这一点可能会表现得更加突出。

历史上确实是有这样的人，《后汉书》卷六十六记载，陈蕃在担任乐安太守的时候，有人向他举荐赵宣是个大孝子，称赵宣住在父母坟墓的墓道里，为父母守墓长达二十余年，远远超过了古代守孝三年的时间。事实上，陈蕃通过调查发现，赵宣在守墓期间居然生了五个孩子。按古代的孝道，守孝期间是不可过夫妻生活的，因而陈蕃以"诳时惑众，诬污鬼神"的罪名将其惩处。很显然，赵宣就是想通过弄虚作假来得到推荐，进而谋得一官半职。

到东汉末期，弄虚作假的并不止赵宣一个人，赵宣之所以会受到惩罚，与他遇到陈蕃有直接关系。

由于察举被权贵士族所垄断，推荐者很难秉公推荐。东汉时期有个叫许武的人，想让两个弟弟成名，于是将家产一分为三，自己选取"肥田广宅奴婢强者"那一份，也就是说，自己把最好的东西全部霸占了，而他的两个弟弟拿到的不但少得可怜，而且是贫瘠的土地、羸弱的奴仆，但是他的两个弟弟毫无怨言，看到这种场景，在场的人都十分感动，交口称赞这两位弟弟，说他们懂得孝悌，不仅能够宽容哥哥的无理做法，还对兄长非常尊敬，于是他们被推荐做官了。等两个弟弟在自己的岗位上站稳了脚跟之后，许武又召集亲族和有名望的同乡开会，他拉着弟弟的手，痛哭流涕地说："吾为兄不肖，盗声窃位，二弟年长，未预荣禄，所以求得分财，自取大讥。"许武说，分家时得到的那份家产，经过这几年的苦心经营，已经比以前增加了三倍多，为了弥补以前的过错，现在将这些家产全部给两个弟弟，自己分文不留，请大家做个见证。许武的这个举动获得了大家的一致好评，他名声远扬，被认为是个知错能改的君子。这种好名声让他也被地方官推荐做了官。

正因为缺少客观的标准，一些具有推荐资格的官员在推荐的时候，专门推荐跟自己有关系的读书人，甚至是自己的子弟，使察举制一度沦为门阀士族垄断权力的重要手段，察举制也失去了其作为人才选拔制度存在的必要性。

005 "狭义科举"的产生是否定"广义科举"的结果吗？

为使察举人才有客观的标准，考试在察举制中日渐受到重视。东汉末年,征南将军王昶说:"考试犹准绳也,未有舍准绳而意正曲直,废黜陟而空论能否也。"(《三国志》卷二十七《魏书·王昶传》)在王昶看来,考试就像木匠手中能精确衡量物体长短、曲直的墨线一样,能精确地、公正地测量出一个人的真实能力。这是中国历史上首次有关考试作用的准确论述,在中国考试思想史上具有重要的意义,也为科举制度的实行提供了理论依据。

墨斗

不仅是理论上,在实际的操作过程中,以推荐为核心的察举制度也在悄悄发生变化,其选才的标准已从以道德、文学为主,逐渐演变成以文化考试为主,而且考试程序和规则也日趋制度化、严密化。除此之外,至南北朝后期,不经过官员推荐而自由报考的人数也在增加。这些变化使得察举制度与科举制度日渐接近,只要打破士族政治造成的门第限制,允许普通士人广泛自由报考,彻底否定推荐环节,察举制度就可以被科举制度所取代。这也就是说,狭义科举制度的出现只是时间与机遇的问题了。

狭义科举的两个主要特征,一是,科举考试允许考生自由报考,读书人只要提交自己的身份证明材料,一般都能报考,而不需要有达官贵人的推荐。于是封建政权向中下层知识分子彻底敞开了,只要他们能通过科举考试,就有可能在帝制政权中获得职位,就有可能参与到政权的管理。二是,在科举时代,考生能不能考上,关键就是靠笔试成绩,而不是靠推荐，因此宋代的大诗人陆游说科举是"一切以程文为去留"(《老学庵笔记》卷五)。"程文"就是指参加考试时写的文章，也就是答卷，那么陆游的意思是，科举时代，能否被录取，完全取决于考生的答卷水平。不管你是谁，只要答卷水平高，就有可能被录取，反之，就会名落孙山，这便是狭义科举的最显著特征。

006 隋炀帝的与修建大运河一样伟大的另一功绩是什么？

2008年3月，老舍先生的儿子作家舒乙在自己的博客上发表《隋唐大运河，地下的辉煌》一文，其中说："隋炀帝是个了不起的帝王。仅拿大运河来说，完全可以为隋炀帝翻案。过去，史书上，还有大量约定俗成的固定看法，都把隋炀帝界定为一个很坏的统治者，说他劳民伤财，穷兵黩武，挥霍无度，很快把国家掏空了，隋代遂成了十分短命的朝代，昙花一现。罪魁认定就是这位隋炀帝。"接着，舒乙先生列举了隋炀帝的大运河在历史上的六大功劳之后，他说："看来，隋炀帝的案是翻得有理，势在必翻了，有大运河为他作证。"

尽管对于舒乙先生的这一观点有不同的看法，但是如果顺着他的评价思路，套用他的话，我们似乎也可以说："看来，隋炀帝的案是翻得有理，势在必翻了，有千年科举为他作证。"隋炀帝于大业元年(605)创立进士科举，也就是狭义科举，打破门阀士族对政治体制的垄断，将政权向普通知识分子开放，通过选拔更多的普通士人进入官僚阶层，扩大了帝制政权的统治基础。尽管在隋代这仅仅是一条水流平缓的小溪，也许隋炀帝自己从未想过，科举后来会发展成为一条一望无际的仕进之大河。虽然，创立科举的重要性是随着唐以后科举在中国社会政治和文化教育方面的影响日益重大而为人们所赋予的，但是隋炀帝能够在传统取士科目之外创设足以开启新局面的新科目，无论如何也具有划时代的意义，因此，隋炀帝在中国科举史上占有无可替代的重要地位。

贰

发 展

吾唐取士最堪夸，仙榜标名出曙霞。
白马嘶风三十辔，朱门秉烛一千家。

目 录

007 为什么唐代读书人50岁能考中进士还算小年轻呢？

唐代建立后，高祖武德四年（621）参照隋代的做法，实行科举取士。唐代科举有常科和制科之分，常科主要有秀才、明经、进士、明法、明书、明算等六科。秀才科是唐代常科中最早设立的科目，也是法定地位最为崇高、难度最大的科目。正因为秀才科的难度大，应试的人数非常少，至永徽二年（651）以后，秀才科被停废，在中国科举史上消失了。在重视文学的社会氛围中，进士科的声望不断提高，由于不少进士及第者青云直上、飞黄腾达，因而一些进士尚未铨选入仕，还穿着标示普通百姓身份的白衣时，就被人们视为未来的卿相，以至有"白衣公卿""一品白衫"之说。

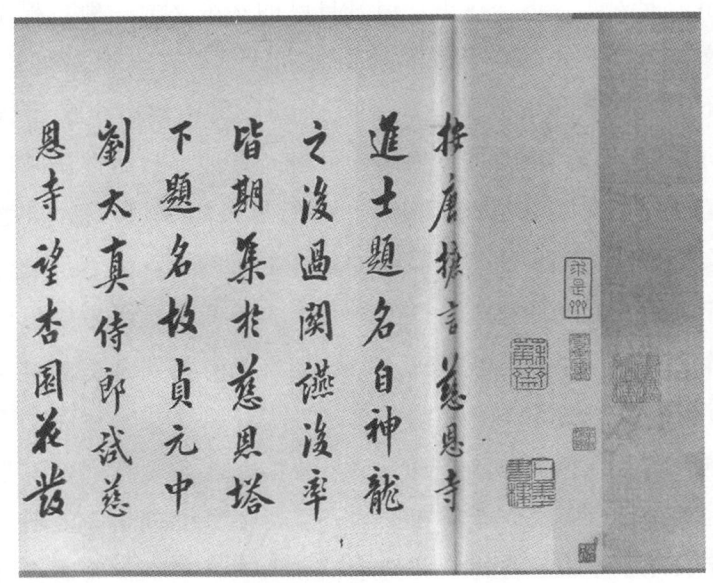

慈恩雁塔唐贤题名卷

及第后的远大前程吸引着士人热衷于进士科举，竞争激烈导致及第难度加大，"三十老明经，五十少进士"就是描写其及第的艰难程度，意思是三十岁考中明经已算年老，五十岁进士登科还算年少。

唐昭宗光化四年（901）这一榜进士 26 人中，曹松、王羽希、刘象、柯崇、郑希颜 5 人皆超过 60 岁，昭宗同情他们长期参加科举，到如此大年龄才中举，就免除他们参加吏部铨选，破例立即授予他们官职，当时人称之为"五老榜"。

008 唐代读书人对于进士的痴迷真到了不惜牺牲女儿幸福的程度吗？

《北梦琐言》卷四《祖系图进士榜》记载了一个疯狂追捧进士科的宇文翃的故事。此人非常迷恋科举，但是自己的水平又太一般，根本写不出像样的文章来，要凭真本事考中进士简直就是天方夜谭。那怎么办呢？正道走不了，他就想其他办法，是什么办法呢？他有个天姿国色的女儿，那可是"真国色"，女神级别的，很多高富帅都想尽办法来向宇文翃提亲，请求他把女儿嫁给他。但是，他们都只能梦想，都"求之不得"。为什么会这样呢？既不是这些高富帅不舍得给聘礼，也不是对他们的家庭条件不满意，宇文翃留着自己的女儿是有目的的。原来他想用自己的女儿来作为交换，给自己换个进士。那他有没有找到合适的对象呢？还真找到了——已经是古来稀年龄的窦璠。为什么要找窦璠呢？因为宇文翃了解到窦璠正在四处物色小妾，更重要的是，窦璠有个哥哥是厉害角色，他在朝中做官，是一个实权人物，能帮忙考中进士。正是看到了这一点，宇文翃根本没有考虑女儿的幸福和未来，毫不犹豫地将自己的这个美若天仙的女儿嫁给了 70 岁的窦璠，目的就是希望自己这个老女婿的哥哥能帮自己考中进士。由此可见，宇文翊为了得到他迷恋的进士，真是无所不用，无所不为。宇文翊把女儿嫁给窦璠之后，他还真得到了好处，史料上说是"果有所获"，应该是帮宇文翊考中了进士，实现了他的梦想。

不仅普通读书人迷恋进士，一些达官贵人，即便是做到很大的官，如果不是进士出身都会感到非常遗憾，《唐摭言》记："缙绅虽位极人臣，不由进士者，终不为美。"这就像我们现在一些人，当自己的事业达到了一定的高度，成为成功人士之后，如果他没有博士学位，总会觉得不够完美，他们之中有不少人会因此去读一个博士学位。

对进士的追捧就连皇帝都不例外，唐宣宗就是一个典型的例子。他非常"爱羡进士"，每次与朝廷大臣谈话，都问他是不是进士及第者，若回答说是进士，宣宗就非常高兴，他便问当时考试诗赋的题目，并问考官姓名。如果某个人物优秀没有考上进士，他听后一定会长久叹息。为了表明自己对进士的无限羡慕，他还曾于皇宫的殿柱上自题"乡贡进士李道龙"，表示自己的进士出身。

狭义的科举制是以进士科为主要考试科目的，因而进士科举在唐代的确立也意味着科举制在唐代得到里程碑式的发展。此后，具有强大生命力的进士科日益成为科举制中的主导科目，以至于明清时代将参加科举考试统称为"考进士"。

父子进士匾

009 为什么说唐太宗时设立的自然科学考试科目要比欧洲早千余年呢?

如果说秀才、明经、进士三科是选拔通晓经术和文学的官员的话,那么明法、明书、明算则是选拔专业性或技术性的专才。明法科往往与明书、明算科并提,但明法科地位要比后两科更高,明法科及第的考生被授予的官阶与进士一样,能获得从九品上和从九品下官品出身,而明书、明算科及第的授官品级则低一些。

明法科的考试内容主要是律、令、策等,目的是选拔精通法律的官员。明书科简称"书科",又称"明字科",因为明书科的考试内容以文字学为主,兼及书法。明书科在唐代也不大受重视,对当时社会影响很小。明算科简称"算科",用以选拔精通数学的专门人才。在重治术、轻技术的传统社会中,培养选拔数学人才的算科在常科中属于末科,不为人所重视。但在唐太宗时已设立此种自然科学考试科目,这比起欧洲17世纪以后才出现科学科目教育和人才选拔要早上千年,因而明算科与明书科的设立,可以说是中国乃至世界考试历史上的创举。

010 白居易、柳宗元都参加的制科是什么类型的考试呢?

除常科之外,唐初还设有制科,是继承汉隋间制诏举人的做法而实行的,也就是皇帝或者朝廷根据需要临时设立科目,选拔人才的制度。

严格意义上的制科,始于唐高宗显庆三年(658)。唐代制科的名目繁多，比如志烈秋霜、词殚文律、抱器怀能、茂才异等、才膺管乐、道侔伊尹、贤良方正、军谋宏远、明于体用、达于吏理等。有学者统计，唐代的制科数目超过100种。

参加制科考试的既有从未做官的"草泽之士"，也有已仕的官员和已获进士出身或其他科目出身而尚未得任实官的人。制科考试成绩出色的人不仅可以被破格授予高官，而且还能得到科举功名，正因为这样，不少已经是科举及第的人也想通过参加制科尽快获得官职。南宋学者王应麟认为，唐代通过制科考试者，官至宰相的多达72人。而宋朝则只有宰相富弼一人是通过制科入仕的。

正因为这样，制科在唐代科举中有着独特的地位，其选拔的人才在唐代政治体系中发挥了重要的作用。制科选拔的人才中，有不少著名人物，比如博学宏词科选拔的有名相陆贽、裴度，文学家刘禹锡、柳宗元等。书判拔萃科较著名的有颜真卿、陆贽、白居易、元稹等。

011 考生报考时，没有照相技术，那么怎么来辨别考生的相貌呢？

唐代参加常科考试的考生有两个来源：一是"生徒"，就是中央官学系统和州县官学的在校生，他们参加国子监祭酒、司业、监丞等组织的选拔性考试，合格者有资格参加尚书省主持的省试；二是"乡贡"，是指不通过学校教育而在私学或完全自学的青年，他们是唐代科举取士的主要对象。

由于生徒都是官学学生，他们的身份是非常清楚的，因此他们报考的时候不需要再提供其他证明材料。而乡贡不同，他们一般在私学读书，或者连私学都没有进，完全就只是自学，他们的报考手续比较复杂。乡贡考生需要"怀牒自列于州县",所谓"牒",即应试者的家状,包括籍贯、父祖三代名讳、年龄、相貌、所习本经等身份证明材料。报考时,他们只要带上这些身份证明材料前往州县衙门报考,德行无缺,名实相符,一般都准许其报考。这种士子自由报名、主动自荐的方式,与过去察举时代被动由别人推荐的办法明显不同。

我们现在的考试大多会要求拍摄数码照片以保证考生本人应试。而古代没有照相技术,无法用照片来辨认考生,只能用文字描述来说明外貌,比如身高、肤色如何,是否多胡须等。参加文举的考生的外貌一般都写上"中形,黄白色,少有髭",也就是身材中等,面色是黄色、白色,有一点小胡子。而参加武举的考生的外表就写为"长形,紫黑色,少有髭",也就是身材高大、威猛,脸色是紫色、黑色,有点胡子。这么描述,很容易让人联想到歌词里唱的"红脸的关公",也能想到《三国演义》中黑脸的猛张飞和《水浒传》里的黑旋风李逵。

这种自由报考的方式不分贫富贵贱,基本没有门第的限制(工商业者除外),将参政权向平民开放,为社会阶层流动提供了可能。

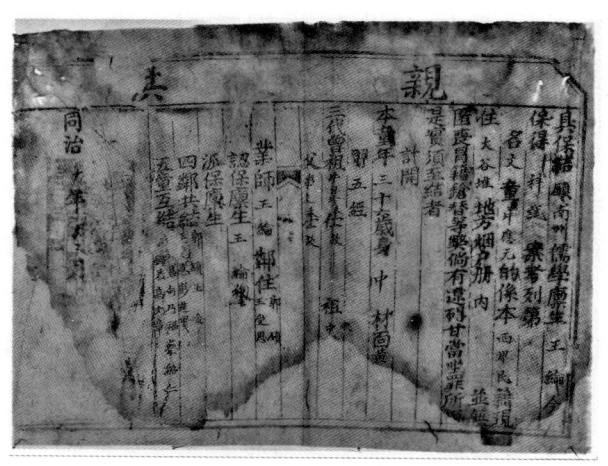

童试亲供单

012 "破天荒"这个成语真跟科举考试有关吗？

在唐代，完成报考手续之后，乡贡需要先参加府州的解送考试，录取者称乡贡进士或贡士，第一名称为解头。解试的时间是在秋天。各地解试的录取名额并不相同，有的地方多，有的地方少。京兆府（就是京城长安所在地）的名额往往最多，而且由于权贵子弟多，获得解送者的进士录取率也最高，基本上可以达到70%～80%的录取率，跟我们现在很多地区的高考录取率差不多。而其他偏远地区的乡贡被录取为进士的可能性就小得多，据《唐摭言》记：荆南（现在湖南一带）解送的乡贡，年年都没有被录取为进士，被嘲笑为"天荒解"。直到唐宣宗大中四年（850），刘蜕通过解试之后，在长安考中进士，被称为"破天荒"，这一成语流传至今，用来形容从未有过或者第一次出现的新鲜事。当时的荆南节度使、魏国公崔铉还要奖励刘蜕七十万钱。但是，刘蜕婉言谢绝，他说："五十年来，自是人废；一千里外，岂曰天荒。"

每年秋冬之际（最迟农历十月），由中央官学解送的生徒和各地解送的乡贡都要到京城的尚书省报到，交纳身份证明材料和各地方官府发给贡人的解送证明文件，由尚书省户部集中查阅和核对。为了保证这些考生身份的真实性，一同投考者还要互相结保，叫作"合保"。一般是五人作为一保，假如其中有人作弊，或者申报的材料弄虚作假，一旦被查出后，所有同保人三年不得赴举。

013 唐代进士科主考官可以在考试前基本确定录取名单吗？

由于唐代科举考试的试卷是不密封的，考生的信息是公开的，谁参加了考试，哪份试卷是谁的，都一目了然。这样，主考官决定是否录取的时候，既看考生的答卷水平，也可以参考考生平时的作品和声誉。为了能够全面了解考生平时的水平，从唐开元二十九年（741）十月起，礼部侍郎韦陟要求参加进士科考试的考生将平时所写的代表性作品交来参阅，以便在考前对考生的实际水平有一个全面的了解，然后再结合正常的考试成绩来录取进士。他开创的这一做法受到普遍称赞，于是被后来知贡举者（考试的主持者）所沿用。举子平时所作诗文卷轴因是向尚书省所在官府——礼部交纳的，故称"纳省卷"。

在考生自己呈送作品的同时，唐代还允许跟主考官关系密切的，在社会上、政治上、文坛上都有地位的人，向主考官推荐优秀考生，甚至他们可以共同决定拟录取名单，这份名单与最后的录取名单不会有很大的差异，称为"通榜"。如唐德宗贞元八年（792）陆贽主考，委托梁肃、王础协助通榜。梁肃推荐的李观、李绛、崔群、韩愈等8个人，全部考中该科进士。不仅如此，这一榜人才济济，王涯、李绛、崔群等后来官至宰相，韩愈、欧阳詹、李观为文学家，其他如冯宿、庾承宣也为中唐名臣，故这一榜被人们称为"龙虎榜"。特别是"文起八代之衰"、维护儒学道统的韩愈名列其中，使这一"龙虎榜"成为中国科举史上著名的科榜，至今全榜23位进士的姓名仍一一可考。再如唐宣宗大中十年（856），郑颢担任主考官，委托崔雍推荐考生，结果崔雍提交了推荐名单，郑颢照单全收，全部录取为进士。在唐代，这种事先确定录取名单,或者不完全依据考试成绩来录取考生的做法是官方行为,是合法的,也得到了很多人的支持。

之所以这样,有两个重要原因:第一,唐代参加进士科考试的考生每次少则六七百人,多则上千人,而每次录取的又只有30个人左右,这样主考官要在这么多试卷内挑出最优秀的,确实不容易;第二,进士科的考试文体是诗赋,而在决定自己命运的考试中,举子们写作的题材和主题主要是歌颂皇帝、咏史、写景之类,个人真正的文学才华可能很难充分发挥出来。中唐"大历十才子"之首、著名诗人钱起参加进士科考试时所写的诗歌《湘灵鼓瑟》中有"曲终人不见,江上数峰青"两句,礼部侍郎、主考官李麟予以高度评价,认为是"绝唱",钱起也因此被录取了,但这两句在佳句众多的唐诗中并不是什么杰作。因此,纳省卷、通榜确实在一定程度上克服了一试定去留的局限,有利于全面考察人才。

014 哪一首诗让白居易得到文坛大佬的点赞推荐呢?

既然与主考官关系密切的达官贵人、社会名流能在录取过程中发挥很大的作用,甚至决定录取名单,因此考生们往往通过投献文章、馈送礼物等方式拜谒社会贤达和权贵,称为"求知己"。"求知己"的主要途径是"行卷"。所谓"行卷"就是应考进士科的举子将自己的文学创作择优编成文卷,投献给当时的达官贵人或文坛名人,希望得到他们赏识推荐,以提高知名度和及第机会。这是唐高宗时出现的一种社会风气。

行卷成为应试进士科士子的必修课,士子们行卷的忙碌身影成为京城长安的一道美丽风景线,唐代诗人翁承赞写了一首回忆当年应考的诗:"雨中妆点望中黄,勾引蝉声送夕阳。忆得当年随计吏,马蹄终日

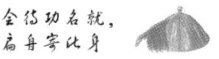

为君忙。"在多少年以后,由金黄色的树叶、声声的蝉鸣以及风雨中急促的马蹄声交织而成的举子们忙于行卷应考的情景,还在诗人的脑海中清晰可见。

与行卷相关的故事也成为唐代笔记资料中常见的题材,情节生动的行卷故事至今让人觉得颇有趣味。张固的《幽闲鼓吹》、《唐摭言》都记载了白居易行卷的趣事。白居易是中晚唐诗坛的代表性人物。贞元十五年(799),28岁的白居易顺利通过宣州府的解试,获得了到长安参加考试的资格,这是白居易第一次到京城。白居易到达长安之后,他向诗坛前辈顾况行卷。拜见顾况之后,白居易毕恭毕敬地将信和行卷一起呈送顾况。让白居易没有想到的是,当顾况看到他的名字后用嘲笑的口吻说:"米价方贵,'居'亦'弗易'",顾况将白居易名字中的"居""易"都用上了,再结合他的姓"白",那么意思就是,现在长安的物价水平这么高,要勉强住下来都非常不容易,你还想白白地居住下来,谈何容易啊!联系到白居易即将参加科举,那么顾况这句话的意思就是说:长安城里确实是人才济济,来参加进士科的都是个顶个的人才,不少还是名气很大的人物,但进士录取的名额又非常有限,你白居易有什么样的超凡本领,能轻易获得进士名额呢?但是当顾况打开行卷,读到"离离原上草,一岁一枯荣。野火烧不尽,春风吹又生"诗句之后,他不由拍案叫好,并说:"道得个语,'居'即'易'矣。"这也就是说,在顾况看来,白居易能写出这么出色的诗句,有这样的文学才华,考中进士,实现金榜题名是轻而易举的小事。

在顾况的鼎力推荐下,白居易声名大振,他信心满满地参加了贞元十六年举行的进士科考试,在考试中白居易充分发挥了自己的文学水平,以第四名的成绩金榜题名,考中进士。他自己说在这次录取的17名新科进士中"年最少",可是这个自称"年最少"的白居易此时已经29岁了。

015 到处求推荐的"诗圣"杜甫为何最终没能考上进士？

35岁的杜甫到达长安之后，为了考中进士，他曾向多位达官贵人行卷，其中一个对象就是韦济。韦济当时担任尚书左丞，虽然这只是一个正四品的职位，但是他在尚书省内是分管吏部、礼部和户部的官员（当时科举考试由礼部主持），是一个"现管"的官。

杜甫的《奉赠韦丞丈二十二韵》就是写给韦济的，这首诗其中几句是这样的：

骑驴三十载，旅食京华春。
朝扣富儿门，暮随肥马尘。
残杯与冷炙，到处潜悲辛。
主上顷见征，欻然欲求伸。

他在诗中说，自己现在境况非常不好，非常不得志，活得很窝囊。这三十年来，我一直过着漂泊不定的生活，现在来到了京城，为了能够得到像您这样的知名人士的支持和推荐，我天还没有亮就等在达官贵人们的家门口，等待他们的接见；傍晚时分，跟在这些下班回家的大人们的马车后面，想尽量地跟他们多说几句话，非常辛苦。每天吃的都是残羹冷炙，这种处境让我心中痛苦万分啊。现在皇上求贤若渴，正在通过科举选拔人才，为他所用，我真心希望得到您的推荐，有机会能为朝廷效力。

从这首诗歌来看，杜甫是用近似哀求的口气请求韦济帮助自己。但让杜甫失望的是，他的行卷并没有取得实际的效果。杜甫本身的文学才华，肯定是一流的，而且可以说是世界一流的，那为什么他没有得到韦济的推荐呢？

第一个原因是杜甫所托非人，韦济无论是在文坛还是在政坛，都不是那种振臂一呼，应者云集的人物，他推荐的效果肯定是有限的；第二个原因可能是韦济并不热心推荐，如果他想帮助杜甫，以他的职务便利，还是有机会向礼部侍郎推荐杜甫的。

尽管韦济没有推荐并不是杜甫科举失败的唯一原因，但从杜甫行卷这件事，也可以看到唐代科举的一个重要现象：一个人无论多么有才华，如果没有强有力的推荐，考上进士的难度会明显增加，甚至根本就没有办法实现金榜题名的梦想。

016 "诗仙"李白为何就是考不上进士呢？

唐代进士科的考试内容确实是偏重文学的，开元、天宝年间选拔了大量的文学家，如孙逖、祖咏、储光羲、王昌龄、常建、王维、刘长卿、萧颖士、李华、岑参、钱起、张继、元结等诗人皆进士及第，其中王维还是状元及第。但是"诗仙"李白却没考中进士，主要有以下几个方面的原因：

一是因为竞争过于激烈，要考中进士绝非易事。

二是因为进士科需要帖经，帖经就是填空题，要求考生在一段经书中填几个字，这就要求考生对儒家经典非常熟悉，而经学并不是李白所擅长的。

三是因为科举归根到底是为了选拔官员而不是诗人，从政与作诗毕竟不是一回事，以诗赋文章作试题并不是为了考察应试者的特殊文学天才，而是为了测试其智力水平和文化素养。诗赋可以言志，家事国事天下事、个人抱负、习性好尚皆可以从诗文中或曲折或明显地表露出来。只有才情并茂、文理优长的人才写得出好的诗赋。但命题作文与平日的文学创作是有所不同的，科场中所考的试帖诗必须按照题意和格律声韵要求来写，这是选拔性考试维持可比性和评卷的客观公正性的必然要求。个别平时具有非凡的诗歌天才的人不一定就能适应考试中的命题作诗，李白在考场上也很难随意发挥"白发三千丈"的奇想。

四是在唐代通榜、公荐和行卷的时代背景下，以李白的个性，他不会主动去求人，更不会去请达官贵人推荐，甚至他都不屑于有个状元的头衔。

017 唐朝的"省试"是指什么省的考试？开考和放榜各是什么时候？

各省解送来的士子在京城参加考试的地点是尚书省都堂，由尚书省的有关部门主管，因此这一考试称为省试。在初唐时期，省试由尚书省吏部主管，唐高祖武德年间主考官通常为考功郎中，唐太宗贞观年间以后主考官则由考功员外郎担任。唐玄宗开元二十四年（736），省试改由礼部主管，礼部侍郎出任主考官。

省试通常在正月或二月举行，又以正月居多。考试时间白天一般是卯时（上午5至7时）分发试卷，酉时（下午5至7时）收回答卷。到晚上还没有考完时，允许加点三支木烛，三支木烛烧尽，就一定要交卷。相传权德舆担任主考官时，曾说了一句："三条烛尽，烧残举子之心"，考生们则以"八韵赋成，惊破侍郎之胆"来回答。

主考官评阅试卷，确定录取名单之后，便将录取名单张榜公布。放榜的时间通常在二月，因在春天，故又称为"春榜"。唐诗云："门外报春榜，喜君天子知。"进士榜榜头竖贴四张黄纸，所以及第者和祝贺者往往又将进士榜称为"金榜"。放榜时间一般是早晨，故有诗云"仙榜标名出曙霞""朱门秉烛一千家"。

状元归第玻璃画

每年的放榜是京城的大事，人们都争先恐后前往观看，"十二街前楼阁上，卷帘谁不看神仙"。进士及第之后，还有一种与"捷报"类似的榜帖。这种榜贴是用金箔和胶水制成，因榜上贴有金花，也被称为金花帖子。这种金花帖子上除了书写及第者的姓名之外，还有主考官的画押，表示郑重，主要是用来向及第者故乡的家人报喜，因此这种帖子往往有专人送到及第进士的籍贯所在地，使及第者能够荣耀故乡。

018 唐代考生为何敢当面呛主考官呢？

身为吏部考功员外郎的李昂出任开元二十四年（736）省试的主考官。为改变科场录取靠推荐的风气，于是在考试之前，李昂就公开宣布，如果谁敢托关系、讲人情，就不要怪他不客气了。但是，他前脚刚宣布完，考生李权后脚就拿着李昂岳父的亲笔信来请求关照。李昂认为李权竟敢挑战自己的权威，就当着全体考生的面把李权一顿猛批。在接下来的考官点评考生文章的会上，李昂当众说李权的文章文理不通、词句粗浅。李权为挽回面子，决定当面呛主考官李昂，他走到李昂的面前作了一个揖说："请问'耳临清渭洗，心向白云闲'是您的诗句吗？"得到李昂肯定的回答后，李权接着说："大家都知道，这个典故是说，上古时期，三皇五帝中的尧年龄大了，身体不行了，他觉得自己再也没有能力去统治天下了，他想把自己的位子禅让给别人。尧通过全面、细致的考察，觉得许由这个人不错，不但道德修养非常高，而且治国理政的能力也非常强，用现在的话来说是德才兼备，是一个非常合适的接班人。于是，尧就想把他的位子禅让给许由。如果是一个普通人，看到有人把皇帝或者说部落盟主的位子主动让给自己，它会高兴得不得了。但是，许由根本不想接这个位子，他压根儿就不想成为尧的接班人，他甚至都不想听到尧要禅让的话，他觉得尧要把位子让给自己的话都弄脏了耳朵，就跑到渭水边去洗耳朵。这就是'耳临清渭洗'的来历。但是当今天子正是年富力强，离年老体衰还有万万年吧。更重要的是，当今皇上既没有，也不会有要把皇位让位给您的念头吧。您写'耳临清渭洗'究竟是什么意思呢？您洗耳朵干什么呢？"

因为，按照李权的说法，你写"耳临清渭洗"的诗句，是不是有篡夺皇位的野心呢？！在帝制时代，篡位是十恶不赦的大罪，不但自己要被处以极刑，而且还要株连九族，听到李权这么说，主考官李昂能不害怕吗？！

针对这一事件，唐玄宗组织有关大臣进行了集中讨论，讨论的结果是，朝廷认为用从六品的吏部考功员外郎来主持科举考试，"位轻不足以临多士"（《唐摭言》卷一《进士归礼部》）。于是，唐玄宗下诏将科举管理权限改由礼部侍郎负责，礼部侍郎是礼部的副部长，他的级别是正四品下，是一个副部级官员，地位、官职级别明显提高。正是从这一年开始，科举考试从由吏部主管改为由礼部主管，组织科举考试成为礼部的主要工作之一，此后一千多年间都没有改变，礼部主管科举也成为"永制"。

019 科举与唐诗的繁荣有什么关系呢？

开元、天宝年间，进士科考试以首场诗、赋最为重要。诗一般为五言八韵，通常称为试帖诗；赋讲究声律对偶、重视声音协调，通常为八韵且以四六句式为主，又称为律赋。随着诗赋在进士科考试中成为主要考试内容，甚至有以诗赋帖取代经学考试内容的趋势，唐代进士科的文学性质愈来愈明显。唐高宗以后，进士科出身者在唐代政治中的影响迅速增大，重视文学辞章的社会风气逐渐形成。

此价值取向和取士标准造就了唐代一大批诗人，这正是唐诗发展繁荣的重要前提。不仅如此，科举制度引发唐代文人对科举生活的歌吟叙述，产生了与此相关的大量诗文，全面地展现了科举生活的方方面面，诸如读书习业、乡举里选、投文干谒（行卷风尚）、漫游邀名、场屋省试、及第落第、慈恩题名、曲江杏园游宴、送行赠别等。

不仅如此，考场中写的诗——省试诗主要是考察举子对作诗技巧掌握的程度，并不要求写出传世名篇。在考场按命题仓促作诗，一般也不可能写出上佳诗作，祖咏《雪霁望终南》和钱起《省试湘灵鼓瑟》算是例外。但是，我们还应看到，省试诗的文学价值虽不如平日推敲创作的诗歌高，但如果扣除了这一类诗作，《全唐诗》便要减去相当大的一部分内容。而唐代被称为诗歌的朝代，与诗作数量的繁多也是有关的。因此，从许多方面看，科举制都直接促进了唐诗的兴盛和唐宋文学的繁荣。

020 "春风得意""走马观花"这些成语真是唐代进士及第后发明的吗？

进士及第就意味着获得了进入上层社会的通行证，命运由此而改变，因此进士及第又被称为"登龙门"，意思就是说过了这一道门，"鱼"就可以成为"龙"，从此可以平步青云了。科举及第对于士人来说，真是"一举成名天下知"，身价百倍，他们从一个默默无闻的普通读书人转眼间就成为众人巴结的对象。

唐代的新科进士们完成了向主考官谢恩等仪式之后，就要参加他们最为向往的曲江宴会。曲江宴会不仅是新科进士的狂欢日，也是长安城的一大盛事，无论公卿权贵，还是平民百姓都会来观看这一盛大场面，甚至皇帝也会在曲江边的紫云楼上垂帘观看。

西安大雁塔

经过曲江宴的狂欢之后，新科进士们还要参加杏园宴，杏园宴的最主要活动就是新科进士探花。探花开始之前，要在新科进士中选择年纪较轻的二人为两街探花使或探花郎，他们要骑马遍游曲江附近或长安各处的名园，采摘像牡丹、芍药等名花，科举进士第三名被称为"探花"，就是起源于这时。著名诗人孟郊进士及第之后,被选为"探花郎","春风得意马蹄疾,一日看尽长安花"写的正是他骑着高头大马在长安城大街上无拘无束地赏花,神采飞扬的得意之态。

带着曲江宴、杏园宴的喜悦,进士们还要到慈恩寺的雁塔下题名留念。慈恩寺在长安东南、曲江以西,是玄奘西天取经回来后翻译经书的地方;雁塔则是存放玄奘从西域带回来的佛像的地方。据《唐摭言》记载:唐中宗以来,在杏园宴会之后,新科进士都要推举一个擅长书写的人来写上新科进士的名字,以示留念,这对于及第进士来说也是一件十分荣耀的事。

021 及第和落第对于读书人到底有多大影响?

在中国古代,哪怕是最平常的读书人,只要能金榜题名,就能摇身一变为人间的谪仙了;哪怕是地位再低下的人,也能因为中举、考进士而立即被人捧为星宿,亲戚朋友、奴仆皂隶都会来追捧逢迎,甚至连自己的家人也会对他们另眼相看。

据唐代的笔记资料《玉泉子》记:举子杜羔在长安应试,多次应试皆以落第而终,他想回家看看。在到家之前,他给妻子刘氏写了一封信,把自己要回来的消息告诉她,想给她意外的惊喜,这多少还有些浪漫的情调。让杜羔万万没有想到的是,自己多年没有见面的妻子不但没有半点惊喜,反而写了一首诗作为回信,诗歌是:

良人的的有奇才,何事年年被放回。

如今妾面羞君面,君到来时近夜来。

这首诗意思是,老公啊,你自己经常跟我说,你是一位有真才实学的人才，这一点我是深信不疑的。但这么有才的你怎么会每年都名落孙山呢？这里讽刺的语气非常明显。她接着说，我现在因为你老是考不上而感到害羞，你如果一定要回来的话，那就请你到晚上再回来，这样邻居就看不见你了。妻子的回信确实让杜羔感到非常伤心，他立即返回长安，发奋读书，果然很快就考中进士。得知这个好消息后，刘氏立即又写了封信来：

长安此去无多地，郁郁葱葱佳气浮。

良人得意正年少，今夜醉眠何处楼？

刘氏在这首诗中表达的意思是，长安离我们家很近啊，而且一路上风光非常不错，你怎么就不回家呢？她急切地盼望着杜羔早点回家。接着刘氏表扬杜羔是一位才华横溢、风流倜傥的才子，要他在外面交际、

一路连科青花磁盘

庆祝时不要忘记回家。刘氏在杜羔及第前后写的两首诗形成鲜明的反差，既是杜羔妻子心情的真实表露，也是当时重科举的社会风尚的反映。

022 唐代进士被任命为官员的时候也要看脸吗？

唐代读书人考中进士，仅仅获得了任官资格，并不能被直接授官。这与我们现在博士研究生毕业，拿到博士学位，仅仅是获得一个资格非

常相似。进士还必须通过吏部的铨选才能任官,而吏部铨选的标准有身、言、书、判四个方面。

"身"是相貌,要求"体貌丰伟"。要求新科进士相貌堂堂,身材魁梧,帅气十足。

"言"是语言表达能力,要求"言辞辩正"。要求新科进士的语言表达能力强,思路清楚,有说服力。

"书"是书法水平,要求字体秀丽、笔法遒劲。正是由于吏部选官重视书法,促进了唐代书法水平的提高,唐代楷书名家有欧阳询、虞世南、褚遂良、颜真卿、柳公权等,草书名家有"草圣"张旭、怀素等。直到现在,我们学习书法大多还临摹唐代这些书法家的字帖。

"判"主要是考察新科进士法律知识和撰写司法案件相关文书的能力,要求考生写出符合法理、辞采精美、对仗工整的骈体文。

023 为什么唐代有主考官将自己录取的进士比作购置的良田?

由于唐代进士科举考试并不是完全依据考生的卷面成绩来决定是否录取,甚至可以完全离开考试成绩,进行通榜,这样主考官就几乎完全掌握了决定考生去留的最终权力。因此,考生一旦被录取,就必定对主考官心存感激,新科进士称主考官为座主、座师或恩师,自称为门生。座主与门生逐渐形成了一种利益上的相互依存关系。主考官录取考生称为赐恩,因此也希望门生能不断地报恩,主考官崔群就是一个典型的例子。元和十年(815),崔群担任主考官,录取了三十名新科进士。有一次,他的夫人劝他为子孙将来的生活着想,买一些良田,建立庄园。他听了以后,笑着回答说:"我有三十座很好的庄园,您何必还要担心呢?"崔夫人茫然不知他所指的新田庄在何处,崔群说:"我担任主考官录取的三十位进士难道不是良田、庄园吗?"崔群将门生比喻为庄园,就是希望将来能够得到他们的回报。

正因为如此,唐代的座主与门生的关系,被批评为"受命公朝,拜恩私室",而且这种关系最容易演变成为朋党关系。尽管唐代中后期的朋党之乱并不是座主与门生关系发展的必然结果,但座主门生关系确实在一定程度上助长了朋党的气焰。而朋党之乱又在一定程度上削弱了中央集权的政治体制,是导致唐代政治纷争不断的主要根源之一。

024 唐代哪些名人是科举选拔的呢?

唐代科举选拔的人才涵盖政治、文学、军事、书法等各领域,他们成为唐代各领域的中坚力量。

姓名	科目	人物简介
王勃	进士	乾封元年(666),未冠进士及第。著名诗人,代表作有《滕王阁序》,其中"落霞与孤鹜齐飞,秋水共长天一色"成为千古绝唱
陈子昂	进士	文明元年(684)进士及第。著名诗人,代表作有《感遇》38首,《蓟丘览古》7首和《登幽州台歌》等,其"前不见古人,后不见来者,念天地之悠悠,独怆然而涕下"脍炙人口
贺知章	进士、制科	武则天证圣元年(695)状元及第,后又中超拔群类科,代表作有《咏柳》《回乡偶书》等

续表

姓名	科目	人物简介
王维	进士	开元十九年（731）状元及第，代表作《杂诗》《九月九日忆山东兄弟》《送别》《红豆》《鹿柴》《送元二使安西》《竹里馆》等妇孺皆知
王昌龄	制科	开元十九年（731）中博学宏词科。二十二年（734）再次登博学宏词科。著名诗人，《从军行七首》《出塞》《闺怨》是其代表诗作
岑参	进士	天宝三年（744）进士。著名的边塞诗人，代表作《白雪歌送武判官归京》中的"忽如一夜春风来，千树万树梨花开"一句千古传唱
高适	进士	天宝八年（749）进士及第。著名边塞诗人。代表作《别董大》中"莫愁前路无知己，天下谁人不识君"至今是朋友分别时使用频率最高的诗句
张继	进士	天宝十二年（753）进士及第。《枫桥夜泊》是张继最有名的诗作
韩愈	进士	贞元八年（792）进士及第。他被尊为唐宋八大家之首，时人有"韩文"之誉。苏轼称他"文起八代之衰"
柳宗元	进士、制科	贞元九年（793）进士及第。贞元十二年（796）博学宏词科及第。与韩愈齐名，二人与宋代的欧阳修、苏轼等并称为"唐宋八大家"，堪称我国历史上最杰出的散文家。"永州八记"已成为我国古代山水游记名作。柳宗元所写寓言故事《黔之驴》中包含的成语"黔驴技穷"，几乎尽人皆知
刘禹锡	进士、制科	贞元九年（793）进士及第。同年登博学宏词科。著名诗人，有"诗豪"之称，其代表作有《乌衣巷》《酬乐天扬州初逢席上见赠》《秋词》等

续表

姓名	科目	人物简介
元稹	明经	贞元九年(793)明经科及第。贞元十九年(803)书判拔萃科及第。元和元年(806)登才识兼茂、明于体用科。《菊花》《离思五首》(其四)流传非常广,"曾经沧海难为水,除却巫山不是云"一联诗为世人熟知
孟郊	进士	贞元十二年(796)进士及第。著名诗人,因其诗作多写世态炎凉,民间苦难,故有"诗囚"之称,苏轼称其与贾岛为"郊寒岛瘦"。其《游子吟》成为歌颂母爱的代表性诗歌
白居易	进士、制科	贞元十六年(800)进士。贞元十九年(803)书判拔萃科及第。元和元年(806)登才识兼茂、明于体用科。白居易有"诗魔"和"诗王"之称,与元稹并称为"元白"。代表诗作有《长恨歌》《卖炭翁》《琵琶行》等
杜牧	进士、制科	大和三年(829)进士及第。同年登贤良方正科。杜牧以七言绝句著称,与李商隐并称"小李杜"。其代表作有《江南春》《山行》《赤壁》《七夕》等
李商隐	进士	开成二年(837)进士及第。著名诗人,和杜牧合称"小李杜",与温庭筠合称为"温李"。李商隐擅长爱情诗。其代表作有《登乐游原》《锦瑟》《无题》等

除诗人之外,唐代科举还选拔了大量的政治家,比如唐代名臣狄仁杰(明经科及第)、上官仪[贞观元年(627)进士及第]、娄师德[贞观二十三年(649)进士及第]、张柬之[永昌元年(689)贤良方正科及第]、张说[垂拱二年(686)明经及第]、裴度[贞元五年(789)进士、贞元八年(792)博学宏词科及第]、牛僧孺[贞元二十年(804)进士及第。元和三年(808)登贤良方正、同年登直言极谏科]。著名书法颜真卿[开元二十二年(734)进士、开元二十四年(736)拔萃科登科、天宝元年(742)登文词秀逸科]、柳

公权[元和三年(808)进士及第、同年登博学宏词科]也是进士出身。

025 武举人、武进士都是武林高手吗？

武举又称武科，是中国古代专为选拔武职人才而设置的科目。武举始于武周长安二年(702)，后不久即停止。宋代武举分比试、解试、省试和殿试四级。元代不设武举。明英宗天顺八年(1464)，恢复武举考试。明武举有武乡试、武会试和武殿试三级。清代沿袭明制，并在此基础上建立了较为完善的武举制度。光绪二十七年(1901)，清廷宣布废除武举。武举在中国历史上延续了千年之久。

唐代武举的科目主要有长垛、骑射、马枪、步射、翘关、负重等。宋代武举的科目有步射、马射、弩踏、抡使刀枪和程文等。明代武乡试、武会试均分三场，第一场试马射，第二场试步射，第三场试策论。武殿试则试弓、马、武艺和对策。清武乡试、武会试三场分别为：第一场试箭；第二场考弓、刀、石三项；第三场为内场，清初试策论，后改为默写《武经》。武殿试内场试策论，后改为默写《武经》，外场试马箭、步箭、弓、刀、石等。从这些考试科目来看，武举并不需要考察考生的武术水平，因此武举选拔的武举人、武进士一般并不是武林高手。

武举考试图

026 武举为什么不受重视呢？

历代武举都不受人重视，地位也不高，甚至一般都只是讲文科举，而不讲武举。其主要原因是，首先，武举偏向考察考生的力量、射箭水平等；其次，尽管武举也需要考察考生的文化水平，但是总体而言，他们的文化素质比较低；最后，对兵权的警惕心理以及武备人才选拔的特殊性，使得统治者对武举采取一种轻视的态度，这种态度自然就会波及整个社会，形成一种轻视武举的社会氛围。

正因为如此，武举选拔的人才得不到重用，武举出身者大多只是骁勇善战的战将，而不能成为运筹帷幄的将帅，从唐代到清代的1000多年间，真正在战场上建功立业而成为英雄的武举出身者只有唐代的郭子仪、明代的戚继光、清代的葛云飞等，完全可以用寥寥无几来形容。总体而言，武举在中国历史上的影响远远不及文举，地位并不高。

027 谁把进士从"座主门生"变成"天子门生"？

宋太祖赵匡胤通过"黄袍加身"夺取后周政权之后，为了防止类似篡位的事件在自己身上重演，他"杯酒释兵权"，将协助他登上大位的重臣的实权全部收缴。为填补这些武将留下的空缺，他将关注的目光转向普通知识分子，他说"宰相须用读书人"（李焘：《续资治通鉴长编》卷七），通过科举选拔知识分子来充当官员，成为他实现这一政治意图的重要环节。为此，赵匡胤采取了多项改革科举的措施。

宋太祖开宝六年（973）举行的省试，翰林学士李昉担任主考官，录取进士宋准等11人。放榜之后，落第进士徐士廉等击登闻鼓，上告李防徇私舞弊，录取不公。赵匡胤决定复试新科进士宋准等人和一部分落第考生。复试结束之后，宋太祖又在讲武殿亲自阅卷，最终录取了进士26人。

殿试制度正式建立，它成为科举制度中级别最高的考试。这一改革的意义非同寻常，考生是否被录取为进士，需要由殿试的主考官皇帝来决定。这样，所有的新科进士都是皇帝录取的，都是皇帝的门生。考生与主考官之间的座主门生关系就变成了天子门生的关系，天子门生从此成为进士的代名词。殿试的实行，不仅使科举选拔人才更加公正，而且有利于加强中央集权，这是宋太祖赵匡胤的重要改革举措。

宋代殿试图

028 密封试卷的规定始于哪个皇帝呢？

宋太祖开宝九年（976）驾崩之后，他的弟弟赵光义即位，他就是宋太宗。糊名在宋代通常称为"弥封"，就是密封试卷，让阅卷的考官无法看到考生的姓名等信息，避免打人情分。

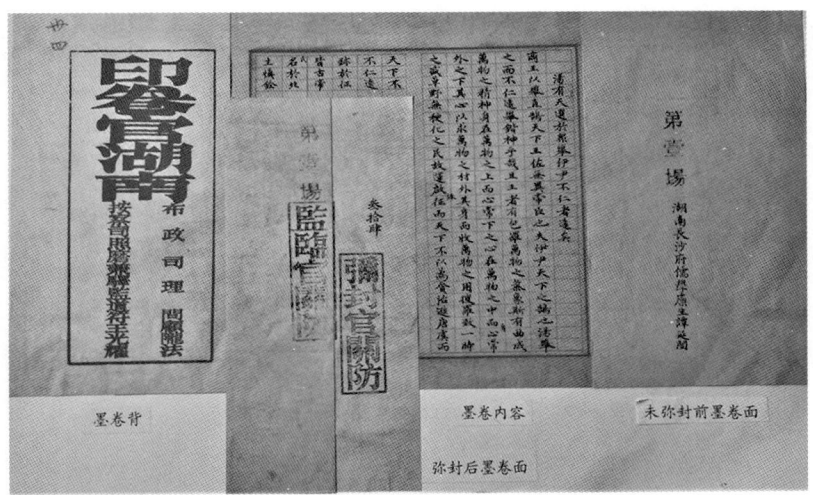

弥封前后的光绪甲午科湖南乡试墨卷

五代后周时礼部常科考试曾采用糊名办法，但仅试行一次，没有形成制度。到宋初，尽管在宋太祖朝已禁止考官与考生结成座主门生关系，禁止通榜和公荐法，并使殿试制度化，但还是没有杜绝请托之风，其中原因之一便是主考官能够清楚地知道试卷的主人。为了杜绝此弊，必然要将糊名考试制度化。宋代科举糊名最早是从殿试开始的。宋太宗淳化三年（992），参加省试的举子达17000余人。此前，因有人击登闻鼓投诉科举评阅试卷不公，将作监丞陈靖上疏，建议在科举考试中使用糊名的方法。宋太宗采纳后，开始在殿试中使用糊名法，从此糊名成为殿试的定例。这为以后扩大糊名法的实行范围，并将其逐步推行到各级常科考试中去，打下了良好的基础。

029 如何防止考官通过辨认考生笔迹打人情分呢？

考生试卷密封之后，考官虽然无法看到考生的姓名、籍贯等信息，但还是能通过辨认考生的笔迹或约定的暗记来给考生打人情分，徇私舞弊。宋真宗景德四年（1007）颁布的《亲试进士条制》规定"试卷，内臣收之，付编排官，去其卷首乡贯状，别以字号第之；付封弥官誊写校勘，用御书院印。"这就是说殿试结束之后，密封好的试卷上印上随机编排的考号，然后交给专门的人员誊录一遍，这样，殿试誊录正式成为制度。誊录后盖上御书院印，是为了防止誊录者偷梁换柱，以示郑重。

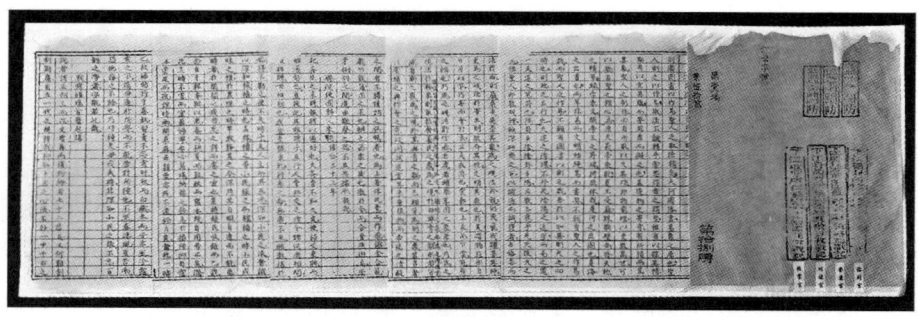

乡试朱卷

大中祥符四年（1011），糊名法在省试中开始实行。到大中祥符八年（1015），又专门设立誊录院，由专职书吏誊抄试卷，从此省试也开始实行誊录。密封加誊录，有效地消除了科举评卷环节因辨认姓名和字迹而给考生打人情分的弊端，使寒士与官宦子弟站在同一起跑线上"公平竞争"，"一切以程文为去留"的取舍原则因此有了制度的保障。

全面实行密封誊录制度是宋代科举走向完备的重要步骤，它使科举考试的公平性和客观性得到保障。因此,糊名誊录的实施,是科举制度迈向公正与公平的重要举措,是科举制度逐渐完善的重要标志,也一直为后世科举所沿用。

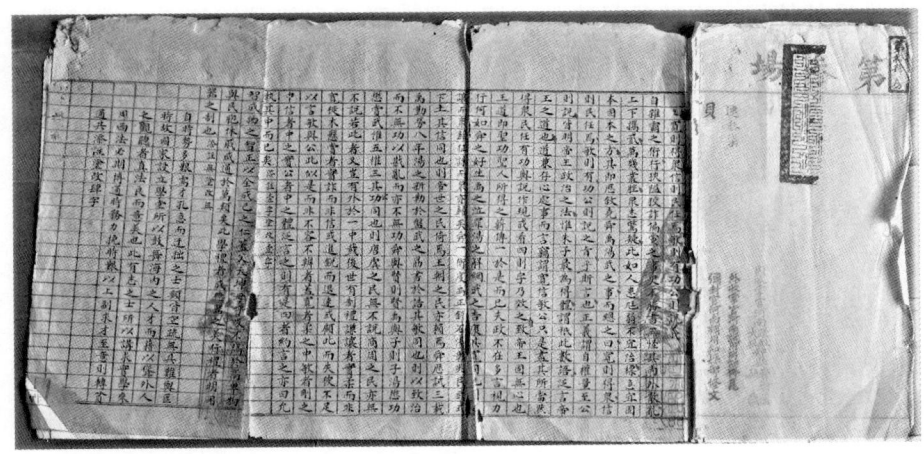

乡试墨卷

有一次科举发榜后,宋真宗问左右官员,在及第人中"有知姓名者否?"得到的回答是:"人无知者,真所谓搜求寒畯也。"(李焘:《续资治通鉴长编》卷八十四)由此可见,密封誊录制度的实施,对于维护科举的公正、公平效果是相当明显的。

030 宋代人发明的哪一种阅卷方法我们现在还在用呢?

宋真宗时期,殿试成绩不是采用百分制,而是等级制,阅卷的考官需要给每份试卷打等第。具体的做法是:考生试卷密封誊录后,送给考官阅卷,第一位考官评阅以后,在试卷上标一个等级,类似于我们现在打个分数,这相当于我们现在阅卷时的一评;之后,他将试卷上这个评阅结果密封起来，试卷再交给第二个考官——复考官评阅，由他重新打个等第，这相当于二评；每份试卷二评后，再送给详定官，由他拆开一评考官的等第封条，对比二评考官所给等第，他再根据试卷的情况，确定最后的等级，也就是最终的成绩，那么详定官就是三评。一份试卷要经过三位考官的评阅，相当周密严谨。这种方法能够较为有效地防止对主观试题的评价出现大的误差。

我们现在大规模考试所采用的网上评卷系统的原理与双重定等是基本一致的。现在网上阅卷系统的工作原理是：首先，由工作人员将考生试卷扫描成图片格式，切割成若干小题；其次，图片通过网络随机发给相应题组的一名阅卷老师评阅，这是一评，一评老师给出分数之后，提交给系统，完成一评；再次，经过一评的试卷再由系统随机发给相应题组的另一名阅卷老师，这是二评，二评老师无法看到一评老师所给分数，他再给一个分数，然后提交给系统；最后，阅卷系统自动比对一评、二评老师给的分数，如果分差在设定分值之内，则取两评分数的平均分，作为该题的最后得分；如果一评、二评分差超过了系统设定分值，试卷再发给题组长，即三评，由题组长给一个最后的得分。因此，网上阅卷系统的工作原理跟宋代的双重定等原理是基本相同的。

031 为什么秦桧想尽一切办法都没能让儿子和孙子考中状元呢？

为了保证考试的公正性，防止考官徇私舞弊，自唐代起，就专门为主考官、科举考试有关人员之子弟、亲属等举办考试，这种考试被称为别头试、别试。唐代并未形成制度，至宋太宗雍熙二年（985）别头试才逐渐固定下来。宋代别试的对象不断扩大，规定凡是省试主考官、州郡发解官和地方长官的子弟、亲戚甚至门客等，省试、发解试时都要另派考官，实行别试。别头试的普遍实行，有助于裁抑官宦子弟，奖进寒士。

由于宋代规定现任官员也可以参加科举考试，他们的活动能量大，且往往善于投机钻营，关系盘根错节，通过不正当竞争考上的可能性更大。为此，宋代规定现任官员参加考试，不能与其他考生同场，只能参加专门为他们设立的"锁厅试"。为避免现任官员蜂拥而至，宋代还规定凡是应锁厅试不合格者，定为有罪，罚铜10斤，并永远不准再应举。不仅如此，现任官员殿试时，再优秀也不能被录取为状元，最多只能被录取为第二名，"锁厅人不为状元"是当时一条不成文的规定，类似于我们现在的潜规则。南宋大奸臣秦桧位高权重，一直希望自己的儿子秦熺和孙子秦埙能殿试夺魁，考中状元。但是，由于秦熺、秦埙在参加考试之前，早就因为秦桧的关系做上官了，因此到殿试时，尽管秦桧想尽了一切办法，调动了一切关系，但就是没有办法打破"锁厅人不为状元"的潜规则，最后他的儿子秦熺、孙子秦埙都没有被取为状元，秦桧的美梦也就落空了。

032 为什么殿试的淘汰率为零呢？

宋初，省试合格的考生参加殿试时，仍然要淘汰一部分，殿试录取率并不固定，从30%到50%不等，因此有的考生多次省试合格之后，殿试时仍被淘汰。到仁宗宝元元年（1038），西夏元昊正式称帝，与宋朝对峙。一些屡次落第的举人愤而投奔与宋朝分庭抗礼的西夏，为西夏攻宋出谋划策。其中最有名的是一位叫张元的考生，他屡次殿试不第，投奔西夏后成为重要谋士。北宋朝廷一开始将张元的家属囚禁起来，后来又释放了。大臣们纷纷把张元投西夏的原因归于殿试实行淘汰制。为此，嘉祐二年（1057），宋仁宗亲自主持殿试，凡是参加考试的考生一律予以录取。该年参加殿试的388名进士科举人、389名诸科举人全部录取及第。从此，殿试没有淘汰只进行排名，便成为中国科举考试的定制。

科举考试的最主要功能是选拔文官，有淘汰是合理的。但是，在省试合格之后，离进士及第仅有一步之遥，且淘汰率又不是很高的情况下，殿试不第的挫败感就特别强。因此，殿试不黜落在一定意义上，可以说是又回到了原来没有殿试时的状态。不过，因为殿试名次对将来入仕和升迁具有重要的影响，因此读书人还是高度重视的。

033 科举考试为什么要三年才举行一次呢？

唐代科举每年举行。宋太祖时和唐代一样，多是一年开科一次。宋太宗太平兴国三年（978）冬天，各州举人已会集京师，却因太宗要亲征北汉而暂时停罢。这其中还有一个潜在的原因是录取数额大增之后，需要延长开科周期。此后多间隔一年或两年开科，但不稳定。到淳化四年（993）以后，因身体欠佳等原因，先前十分"留意科目"的宋太宗竟然连续5年（993—997）停止贡举，这是唐五代以来未开科举年份最长的一次。宋真宗朝开科较频繁一些，但到仁宗朝开科年份又很没规律。随着开科间隔的逐渐加长，一些读书人一次没有考中，就会耽误若干年，甚至十年的光阴，于是士子们强烈要求缩短开科的间隔。嘉祐二年（1057），仁宗下诏，规定科举每隔一年举行一次，并将进士和诸科的录取数额减半。到宋英宗治平三年(1066),鉴于两年一开科不太方便,开科频繁但录取机会总体而言并未增加,再加上各地到京城参加省试的举子路远辛苦,于是最终改为三年开科一次。这是一次对科举考试时间的重要改革,从此三年一个周期的"三年大比"成为定制,明清科举沿用这一做法,除了特殊的年份,科举考试都是三年举行一次,一直到科举制度被停废。

034 关于科举改革,司马光和欧阳修为什么事吵得不可开交?

宋代北方地区因为经历较多的战乱,经济发展受到严重影响,加上朝廷与辽、西夏长期处于对峙状态,士人读书环境相对不够安定,北方士人又比较不擅长诗赋为主的进士科考试内容,所以五代以前北方士人在科举中的优势逐渐丧失。到了北宋中叶,北方士子及第人数越来越少,南方考生在及第者中占了很大比重。向来拥有优势的北方读书人反而变成科举中的弱势群体,他们试图通过政策的调控来平衡南北方读书人录取比例的心情就变得十分迫切。

首先用书面方式提出这一问题的是著名史学家、《资治通鉴》的主编司马光,他来自陕州夏县(今山西夏县),是北方人。宋英宗治平元年(1064),司马光写了一篇名为《贡院定夺科场不用诗赋状》的奏折,向皇帝建议科举考试不应该考诗赋,而应该将儒家经典作为考试内容,因为在他看来文学容易助长社会的浮华风气。尽管从表面上看,这只是关于调整考试内容的建议,并没有直接涉及科举区域公平的问题。但由于北方读书人擅长经史,南方读书人擅长诗赋,来自北方的司马光就非常擅长经史,因此,这一建议已经包含了请求在科举考试中照顾北方读书人的用意。之后，他又写了一篇《乞贡院逐路取人状》，请求朝廷科举考试时，分路录取人才，即每十位考生取中一名，对于参加省试少的路予以适当照顾，考生不满十人的路，六人以上也要录取一名，如果考生数少于五人，就不分配录取名额。这种分路录取的办法显然对于录取比例相对较低的北方考生有利，而对于南方考生来说就降低了录取的机会。

来自江西庐陵（今江西吉安）的欧阳修写了一篇《论逐路取人札子》，对同朝为官的司马光的建议进行了针锋相对的反驳，主张考生的真才实学是录取的关键，反对实行分路录取的办法。在欧阳修看来，如果要多录取西北地区的考生，那么势必减少录取东南地区的考生，那么这样是否公平呢？他接着用数据进行回答。他说："现在东南地区考试的竞争是相当激烈的，解送考试的录取率为1%，最后有资格参加省试的人可谓是东南地区读书人中的凤毛麟角了，他们在省试中自然就有相当强的竞争实力。而西北地区的教育水平比东南地区要低，读书人相对较少，解送考试的录取率为10%，是东南地区的十倍，这样西北地区的读书人在省试中没有太强的竞争力也是完全正常的。如果规定分路录取，各路省试的录取率统一为10%，那么东南地区成绩优秀的考生势必也会落第，而西北地区成绩并不突出的考生也会被录取为进士，这显然是不合理的。"最后他还认为，坚持凭才录取的办法，是维持科举考试公正性的关键。

在司马光和欧阳修争论之后，省试并未实行分区定额录取，南北科举及第人数差别巨大的状况并无改变，因此整个北宋科场中南方士人占了绝对优势。据美国学者John Chaffee（贾志扬）对地方志中所载北宋进士的统计，可考的北宋进士有9630人，其中南方诸路达9164人，约占总数的95.2%，北方诸路仅466人，约占总数的4.8%。在南方地区中，又以两浙东、两浙西、江南东、江南西、福建等东南五路的进士为最多，共有7038人，约占北宋进士总数的73%。

035 辽朝为什么严禁契丹族读书人参加科举？

为了能实施"以汉制待汉人"的统治策略，契丹族建立的政权——辽朝的统治者决定效仿唐宋，实行科举取士制度。辽朝科举的应试对象的范围逐渐扩大，以汉族考生为主的同时，也允许汉化较深的渤海族读书人应试。

不过，为保持契丹族人的尚武精神，辽朝统治者从设立科举伊始，便禁止契丹族士人以及辽朝北方的其他游牧部族士人参加科举考试。不过，辽代后期逐渐放松了禁止契丹子弟参加科举考试的禁令，契丹子弟如耶律俨和耶律大石分别于道宗咸雍年间和天祚帝天庆年间进士及第。

从统和六年（988）至保大二年（1122），辽代共开54科，录取进士2456名，平均每科约45名。通过科举选拔的汉族士子与契丹贵族共同治理辽朝，不仅有利于在汉人居住区重建统治秩序，而且为汉儒在少数民族政权中发挥重要作用提供了一条较为有效的途径。不仅如此，在选拔汉族士子的同时，辽朝统治者通过科举取士诱导汉人终日埋头儒家经典，并给予及第者较为优厚的待遇以削弱其反抗精神，使其更加文弱，进而消磨其"救时之志"，不致有"除乱之功"。

036 金朝科举入场搜检时，真会挖考生的耳朵和鼻孔吗？

金朝（1115—1234）又称大金、金国，是我国东北地区女真族建立的政权。金军攻占了辽朝的州县以后，为实现汉人治汉的目标，金朝采纳辽朝降臣刘彦宗、韩昉等人的建议，仿效辽朝、北宋开设科举，以选拔辽、北宋士子，补充汉官队伍。金世宗大定十三年（1173），女真进士科正式创置。辽和西夏等少数民族政权实行的科举制度，都只是面向汉族士人的，契丹和党项族人是不能参加科举考试的。而金朝在建立面向汉人的完备的科举制度同时，专门设立了面向女真子弟的女真进士科。创置女真进士科不仅在中国科举史上第一次为少数民族开辟了通过科举入仕的制度化渠道，使女真进士及第者成为金朝官僚阶层的重要力量，而且使女真人更为广泛、深入地了解、掌握了儒家文化。此后，同为少数民族政权的元朝和清朝效仿女真进士科，分别实行左右榜和满汉榜。

金朝科举以唐宋科举为蓝本，根据自身的现实情况加以调整，从而形成了一套较为完整的科举程式。最为突出的是，为了防止科场作弊，金朝制定了严格的考试规制，其中搜检之制尤为严苛。府试设有检搜怀挟官，负责对入场考生的搜检。搜检非常严格，自泰和元年（1201）起，考生入场时，不仅要解开头发和衣服，而且搜检的士兵还要挖考生的耳朵和鼻孔，防止他们在耳朵和鼻孔里藏匿考试相关的资料。当时就有大臣认为这实在太过分了，让应试考生毫无尊严，考生们也很反感。为改变这种局面，金朝统治者决定恢复大定二十九年（1189）的做法，即考生入场之前需要到指定的地方沐浴，然后换上由官方提供的统一衣服。这样既能达到防止夹带的目的，也尊重了士人的人格，取得了"既可防滥，且不亏礼"（《金史》卷五十一《选举一》）的良好效果，这种防止作弊的办法在中国科举史上也是十分独特的。

037 科举制度为什么会在元朝中断 30 多年？

元朝是在仁宗皇庆二年（1313）宣布"行科举"，此时距元世祖攻灭南宋（1279）已经有 34 年之久，这是自科举创立以来中断时间最长的一次。

实际上，元朝建立之后，随着统治的版图向中原地区迅速扩展，元世祖忽必烈及部分蒙古贵族对中原文化的认知程度明显加深，科举作为影响中原地区士子的重要制度进入了他们的视野。有不少大臣提出应当以科举取士，并且说明了科举取士的重要性。但是，科举并未立即付诸实施。

元初之所以长时间没有实行科举取士，原因有多方面，蒙古贵族对科举取士制度的抵制是其内在原因。他们担心通过科举制度选拔的儒臣会危及本民族的专制统治或者某些反对者的个人私利。

不仅如此，一些南宋遗民和知识分子将南宋的覆亡部分归咎于科举，因此他们严厉批评科举，甚至产生了对科举的偏见，认为不需要实行科举。因此，尽管大臣们屡次提议实行科举，但都无果而终。

038 元朝的蒙古人考进士真的很容易吗？

蒙古统治者将元代各民族群众分为四等：第一等是蒙古人，第二等是色目人（回族等少数民族），第三等是汉人（原金代所辖北方汉人及其他民族），第四等是南人（原南宋所辖的南方汉人及西南少数民族）。

在元代科举中，汉人和南人的试题难度和答题要求远远高于蒙古人和色目人，即所谓的"蒙易汉难"。同时乡试规定录取人数为 300 名，蒙古人、色目人、汉人、南人各占 1/4，即 75 名。会试每科录取人数 100 名，其中蒙古人、色目人、汉人、南人各 1/4，即 25 名。尽管蒙古人、色目人、汉人、南人的乡试、会试录取比例是相同的，但是南人和汉人无论从绝对人口数，还是从读书人数，都远远多于蒙古人和色目人，所以其录取比例远远低于蒙古人和色目人。

元代进士题名碑

不仅如此，殿试录取时，金榜有左右两榜，蒙古人、色目人为右榜，汉人、南人为左榜。除元统元年（1333）一甲有 3 人之外，左右榜均为一甲 1 人，二甲 5 人，其余新科进士为三甲。右榜以蒙古人为状元，左榜以汉人为状元，色目人和南人不能取为状元。不仅如此，地位低下的南人成为榜眼和探花的机会都非常小。可见，元朝科举有着明显的民族歧视。

039 "只识弯弓射大雕"的蒙古贵族为何会将程朱理学作为科举考试内容?

元仁宗于皇庆二年（1313）下诏实行科举，明确规定科举考试主要从四书、五经中命题，"四书"用朱熹的《章句集注》，"五经"之《诗经》以朱熹之说为主，《书经》以"蔡氏为主"，《易经》以二程、朱熹之说为主，《诗经》《书经》《易经》均用古注疏。《春秋》许用三传及胡安国所作注疏。《礼记》用古注疏。由此可见，以程朱理学为阐释标准的儒家经典是元代科举考试的主要内容。

元代科举以程朱理学取士，不仅是南宋以来中

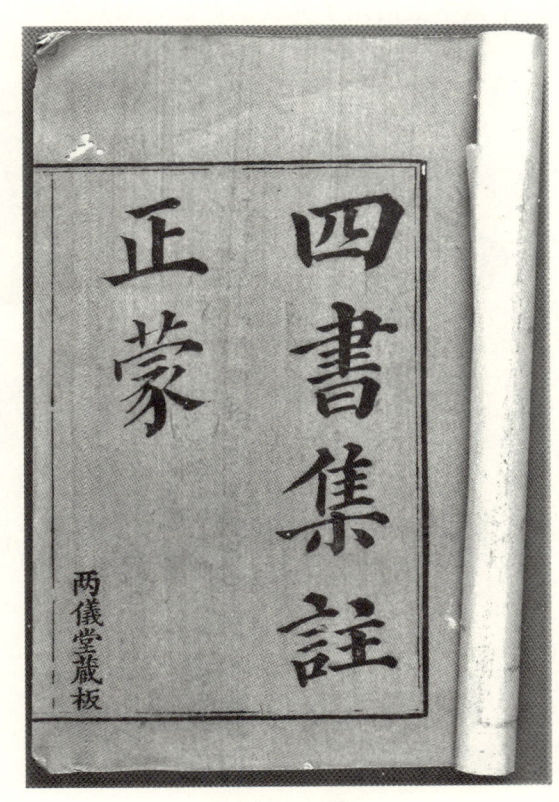

《四书集注》《正蒙》

国思想史的重要变革，而且从根本上改变了唐代以来以诗赋文学取士的格局，将诗赋文学排除在科举考试内容之外，科目设置亦因此而趋向简明。自隋大业元年（605）进士科举创立以来，历代所设置的科目并不相同，隋唐科目繁多，宋代经过多次调整，绍兴三十一年（1161）形成经义

进士和诗赋进士分科取士的定制。元皇庆二年(1313)正式恢复科举取士时，下诏只设"德行明经科"，这不但使几百年来经术与文学之争最终以经术的胜利而宣告结束，而且让科举取士的公正性得到更充分的体现，这是符合考试发展规律的重要变革。在考试内容和科目设置方面，明清科举基本上沿用了元代的做法，对后世产生了重要影响。

袖珍书《上论》

完善

行年九十八，出嫁不胜羞。
照镜花生靥，扶梳雪满头。

040 明太祖朱元璋为何在科举选材和推荐选材之间摇摆不定呢？

洪武三年（1370）五月，明太祖朱元璋下诏实行科举。他对科举充满着期待，期待科举选拔出有实际行政能力的、道德文艺俱佳的人才。然而，在三年取士之后，朱元璋发现科举选拔的人才与自己之前的期望值有相当大的差距，因为进士及第者多为缺乏行政经验的"后生少年"。李调元的《制义科琐记》对这些人的年龄有记载：张唯，年二十七；王辉，年二十八；李端，年二十一；张翀，年二十七；王琏，二十三；张凤，二十八；任敬，二十六；陈敬，二十三；马亮，二十五。朱元璋认为这些新进士人只是长于文辞而少有实才，这与他设科以选拔执掌一方官吏的初衷有很大的差距，朱元璋对此非常困惑。

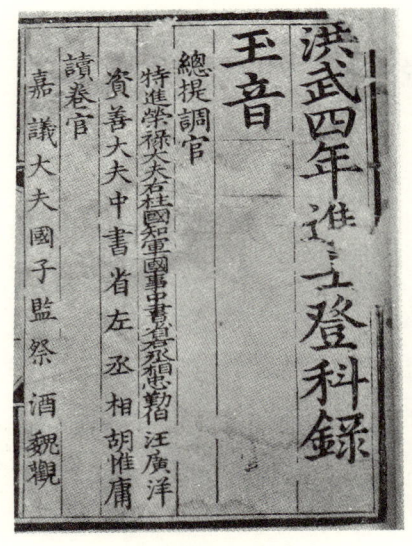

明洪武四年进士登科录1

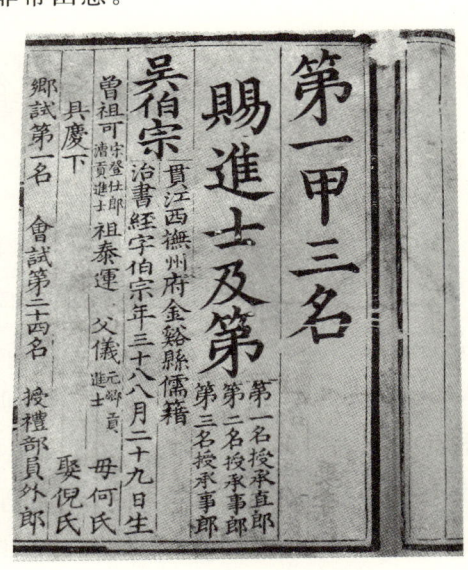

明洪武四年进士登科录2

正是由于对科举取士效果的失望,明太祖朱元璋决定停用科举取士制度,转而实行荐举制度。然而,荐举缺少可以评价人才的客观标准,极易出现任人唯亲,假公济私的情况,无法保证人才选拔的质量,导致被举荐的人既多且滥。不仅如此,荐举时过分强调考察士人的德行,所选拔的人才依然不能达到朱元璋所需要的实用人才的标准。朱元璋认为科举考试选拔人才还是比荐举更有效,他决定恢复科举制度,洪武十五年(1382),朱元璋宣布再次采用科举制度,科举得以恢复。洪武十七年(1384)朝廷颁布了"科举程式",奠定了明代科举的基本规制。

从中国古代选士制度的发展脉络来看,朱元璋将荐举与科举付诸实践,让二者的利与弊在实践中得到了充分显现,由此确立了科举在中国选士制度史上的主导地位,科举自此沿用至清末。我们完全有理由说,朱元璋再次恢复科举,并将其视为"永制"是科举对荐举的胜利,是考试对推荐的胜利,在中国科举史上有着里程碑式的意义。

041 什么是"南北榜"或者说"春夏榜"呢?

明洪武三十年(1397)二月举行会试,朱元璋钦点了翰林院学士刘三吾和纪善所纪善白信蹈两人为主考官。考试之后,他们一共录取了52名贡士,全部来自南方,北方考生无一人上榜。由于殿试不淘汰,参加殿试的51名贡士(有一名贡士未参加殿试)全部被取为新科进士,来自福建闽县的陈䢿名列第一,是状元。来自江西吉安的尹昌隆为第二名,是榜眼。第三名是来自浙江会稽的刘谔,是探花。二甲一共13人,三甲一共35人。由于这一次放榜是三月,被称为"春榜",也因为这次上榜的新科进士全是南方人,也称为"南榜"。

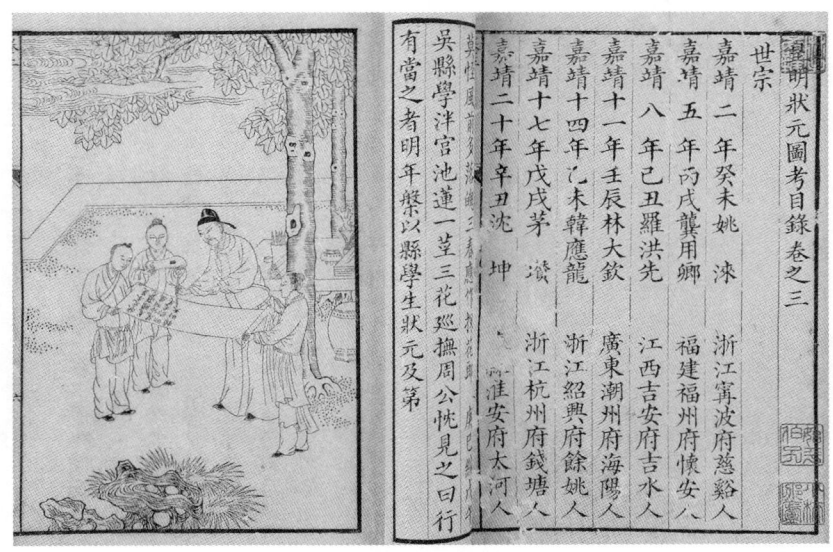

明状元图考

全部名落孙山的北方考生指控这是会试主考官刘三吾"私其乡"的结果,"私"是偏爱、偏袒的意思。朱元璋派翰林院学士张信、周衡、黄章等人复查会试评卷结果。他们复查的结论是刘三吾、白信蹈等人阅卷是公正的,他们是根据考生答卷的优劣来录取贡士的,录取的51名贡士的答卷是所有答卷中最优秀的,没有发现任何有打人情分、徇私舞弊的证据。

北方考生不依不饶,认为张信等人与刘三吾等人串通一气,有意隐瞒真相。为了尽快平息这场风波,朱元璋亲自录取了河南考生任伯安等61名北方考生为贡士。六月初一,朱元璋再次举行殿试,新录取的61名贡士全部参加考试。最后,根据考试结果,确定山东武城人韩克忠等3人为一甲,29人为二甲,赐进士出身。29人为三甲,赐同进士出身。由于此次考试是在六月,已经是夏天了,因此被称为"夏榜"。又由于这次殿试录取的进士全部为北方人,因此也称"北榜"。洪武三十年(1397)的一年之中，先后举行了两次殿试，两次放榜，录取了两个状元、两个榜眼、两个探花，这在中国科举史上是很少见的。这起事件被称为"南北榜"事件，也称为"春夏榜"事件。

右榜谕众通知匾

042 那些被朱元璋凌迟处死的考官们真的舞弊了吗？

按照朱元璋的诏令，刑部将主考官刘三吾、白信蹈和张信等14人以欺君罔上，导致科举取士不公的罪名全部抓起来。最终的判决结果是，刘三吾罪本来应当被凌迟处死，但考虑到他已经85岁高龄了，对他从轻处罚，免其死罪，罚他去戍边。白信蹈、张信等11人在南京通衢被凌迟处死，另外2人无罪释放。这是中国科举史上第一起判处考官死刑的科场案，可以说这一年的科场充满了血腥味。

刘三吾确实是南方人，他是湖广省茶陵人，今天的湖南茶陵县人。但是，他几乎没有舞弊的可能，理由有四：第一，他是一位德高望重、熟悉科举法律的老臣，对科举的相关规定了如指掌，而且深得朱元璋的信任，他不会置自己的名誉不顾，徇私枉法。

第二，刘三吾已经在朱元璋身边工作超过了12年，在这期间，他目睹了朱元璋对郭桓案和蓝玉案的涉案人员的残暴杀戮，应该对朱元璋嗜杀成性的个性十分熟悉，他万万不敢冒死试法。

第三，刘三吾主持的会试录取的第一名陈䢿为福建闽县人，既不是刘三吾的湖南老乡，更不是白信蹈的北平老乡。刘三吾等人录取的51名贡士中，只有一个湖南人。由此可见，北方考生的推测是没有事实依据的，也就是说对刘三吾"私其乡"的指控是不能成立的。

第四，调查组负责人张信是洪武二十七年（1394）的状元，他来自浙江，与刘三吾既不是同乡，也没有特殊的关系。当北方考生提出刘三吾等人偏袒南方考生时，张信是坚决要求进行调查的大臣。也就是说张信最初也认为刘三吾等人是存在舞弊行为的，这也是他能获得朱元璋的信任，成为调查组负责人的原因，因此他不可能与刘三吾串通。因此，刘三吾私其乡、刘三吾与张信等人串通的罪名都是不能成立的，这是一起典型的冤假错案。

043 朱元璋为什么要制造一起血腥的科场冤假错案呢？

朱元璋之所以要严厉惩处刘三吾等人，主要是为了笼络北方读书人，尽量缩小南北方的文化差异。首先，朱元璋虽然统一中原，建立了大明王朝，但当时北方还相当不稳定，逃亡塞外的元朝残余势力经常骚扰北方边塞，甚至不时还有较大规模的战争，这让暮年的朱元璋感到非常不安。其次，洪武二十六年（1393）发生的蓝玉谋反案，持续多年，株连人数达几万人。蓝玉常年镇守北方，多名科举出身的北方官员因此受到株连，很多人将读书应试、科举及第为官作为高危行业，他们纷纷放弃科举考试，导致北方考生的应试人数明显减少。朱元璋担心，如果放任这种现象持续，可能会让北方知识分子离心离德，不利于北方政治的稳固，不利于国家的统一。史书上说，刘三吾等人之所以会遭此大祸，是因为他们"不悟太祖之意，致有此祸"（王世贞：《凤洲杂编》卷四），他们成为朱元璋笼络北方读书人的牺牲品。

经历了这次事件之后，明代统治者已经意识到了科举录取在追求考试公平的同时，还必须兼顾地域公平，这不仅可以平衡政治势力，而且还能达到维护国家统一的目的。

044 明朝会试怎么解决录取名额的地域平衡这一难题呢？

朱元璋死后，会试并没有对被录取者的籍贯做出限制。直到洪熙元年（1425），明仁宗将改革会试录取方式提上了议事日程。仁宗召见杨士奇，向他征求教育和科举改革的意见。杨士奇建议，在朱卷的卷面写上"南""北""中"三个字，来区分考生的籍贯，试卷也就相应地叫"南卷""北卷""中卷"，在此基础上，再确定录取比例。具体的录取比例是，北卷占35%，南卷占55%，中卷占10%。北卷包括北直隶、山东、河南、山西、陕西等省考生的试卷；中卷包括四川、广西、云南、贵州及庐、凤二府、徐、淞、和三州考生的试卷；其余的都属于南卷。会试南北中分卷录取的制度在明英宗正统年间（1436—1449）得到执行。可是，代宗继位之后，宣布取消已经实行了十多年的南北中分卷制度。景泰四年（1453）八月，工科给事中徐廷章上疏，认为科举取士太滥，建议恢复正统年间所定的南北中分卷取士的制度。第二年会试，朝廷采纳了徐廷章的建议，恢复了分南、北、中卷取士的办法，南、北、中三卷的区域、录取比例都与正统年间基本相同。清初会试继承了南北中分卷录取制度。至康熙五十一年（1712），改为会试之前由皇帝钦定各省的录取名额,即实行分省录取。

045 科举时代哪些身份的人没有报考资格?

唐代开始,科举考试允许读书人自由报考,既不需要达官贵人的推荐,也不需要考察读书人的出身贵贱,考生只要拿着能证明自己身份的材料前往籍贯所在地的州、县官府报考即可,即所谓的"投牒自进"。

印桂林浮票

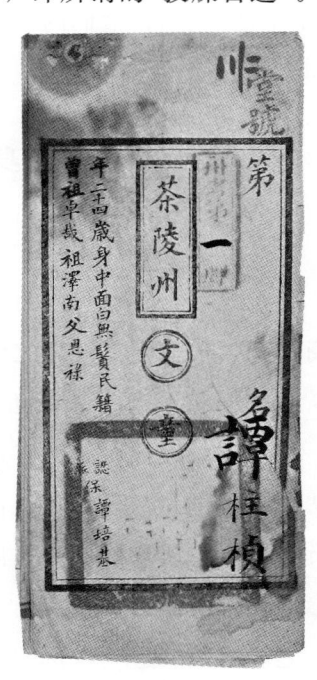
试卷卷首

尽管是自由报考,但还是会对考生进行身份限制。唐代规定工商业者、州县衙门的役吏不得参加科举考试。

宋代科举规定不孝不悌者、还俗的和尚道士和"工商杂类、身有风疾、患眼目、曾遭刑责之人"(《宋会要辑稿·选举》)不能报考。明太祖洪武四年(1371)规定："令科举,凡词理平顺者,皆予选例。唯吏胥心术已坏,不许应试。"(《明太祖实录》卷六十七)洪武十七年(1384)科举程式又规定："其学校训导考教生徒及罢闲官吏、倡优之家与居父母丧者,并不得入仕。"(《明会典》卷七十七)这也就是说,明代禁止胥吏、官学训导、罢闲官吏、倡优、居丧者应试。清代规定凡是倡(妓女)、优(职业戏曲演员)、隶皂(衙门的差役)的子弟都属于家庭出身不清白者,都没有资格报考。此外,佣人、看门人、轿夫、媒婆、剃头修脚者也属于"身世不清"之列,他们的三代子孙也被排斥在科举考试之外。

046 为什么一些身份特殊的人员没有报考资格?

唐代规定工商业者没有做官资格,而科举是选官考试,因此不允许工商业者报考也就在情理之中了。自唐代起,统治者认为州县衙门役吏不断接触罪犯,近朱者赤近墨者黑,他们的道德水平也不会好到哪里去,因此这些人也不能做官,自然也就不需要参加科举考试了。因娼妓所从事的工作为社会所不齿,其子孙也不能应试科举。"优"是职业戏曲演员,古代职业戏曲演员地位低下,被称为"戏子",统治者也限制其子孙参加科举考试。

之所以限制这些身份的人报考,还与科举作为"抡才大典"的地位密切相关。一方面,读书人一旦获得了报考资格并考上秀才、举人和进士,那便是光耀门楣、光宗耀祖的大事,进士家需要修"进士第",家乡需要建进士牌坊;即便是考上秀才,家里的大门也可以比普通人家的高三寸。在多数朝代还立即将及第举子祖宗三代公之于众,如果身家不够清白，不但会让举子自己感到难堪，而且会在社会上产生不好的影响，进而影响科举在百姓心中的地位。

另一方面，由于通过科举考试选拔的人才大多数要成为掌管一方的官员，他们不仅要处理政务，还要审理案件，即担任法官。如果出身方面有污点，在以后处理公务时就难以威镇民庶。当一个官员拿起惊堂木来审问犯人时，如果被审问者突然指着他说你母亲是妓女，或者说你父亲是个戏子，你有什么资格来审问我呢?！这可是极其有损官府威严的。因此，从这个角度来看，对读书人的身世进行一定的限制是符合科举特点的。

父子进士石牌坊

047 历史上真有女扮男装高中状元的女性吗？

在1300多年的发展历程中，科举及第者只有男性，绝对没有女性，这是科举报考最为严格的限制性条件，其主要原因是中国古代官僚体系中不设女性官员（除少量宫内官外），因此科举禁止女性应考。

即便女性能通过各种关系报考，进入贡院之前的搜检制度也能将女性排除在科举考场之外。从唐代开始，历代科举都有十分严密的搜检制度，而且随着科举制度的地位逐渐提高，搜检就越来越严厉，甚至可以说到了苛刻的程度。例如明清时期的乡会试搜检，每个考生都由两个士兵搜检。搜检时，需要将读书人的全身都要严格搜检一遍，"上穷发际"，头发都要解开，"下至鞋袜"，鞋子和袜子都要脱出来，衣服全部解开，包括内衣、内裤，真可谓彻头彻尾。正是有这样严厉的措施，女扮男装是几乎不可能逃过搜检者眼睛的。因此，就严苛的搜检而言，是完全能将女性拒绝在考场之外的，女性在科场前也就只能临渊羡鱼，对天长叹了。

这样，女扮男装高中状元的美好梦想只能出现在戏曲、小说之中。黄梅戏《女驸马》中的冯素贞、杂剧《女状元辞凰得凤》中的黄春桃和《再生缘》中的孟丽君等，这些女状元个个都是才貌双全，在激烈的科场竞争中，巾帼不让须眉，独占鳌头，她们的故事在观众心目中留下了深刻的印象。

048 太平天国的傅善祥真是中国历史上唯一的女状元吗？

在有关太平天国的文献中，有人将傅善祥记为女状元，甚至认为她是中国历史上唯一的女状元。太平天国建立之后，自癸好三年（1853）开始实行科举取士，只允许男性报考。太平天国的科举考试包括乡试、县试、郡试、省试和天试，其中省试相当于清朝的乡试，天试相当于清朝的会试和殿试，只有天试一甲才能称之为状元、榜眼和探花。从现有的文献来看，太平天国并未开设针对女性的科举考试。而文献中所记的傅善祥参加的女科，仅仅是东王杨秀清为选拔秘书或者识字的女性而设立的考试，并不是正式的科举考试，最多只能算是东王府开设的临时性考试。虽然傅善祥可能在这次考试中名列第一，但因为不是正式的科举考试，东王杨秀清的政治地位也低于天王洪秀全，因此可以断定傅善祥不是状元。

之所以傅善祥被有的文献称为女状元，一个重要的原因是傅善祥曾经在东王府所主持的考试中名列第一，而东王杨秀清被称为九千岁，有着极高的地位。在第一名泛称状元的社会中，称东王府选拔考试的第一名为状元也就顺理成章了。因此，严格意义而言，太平天国时期虽然有傅善祥这个人，但她并不是真正意义上的女状元，中国历史上也从未有过女状元、女进士。

049 无法参加科举的女性真的就与科举绝缘了吗？

由于科举严格禁止女性报考，有理想的女性只能对榜长叹了，唐代女诗人鱼玄机曾叹息说："自恨罗衣掩诗句，举头空羡榜上名。"然而女性并未因此与科举绝缘，而是将自己的知识传授给子弟或者晚辈，希望金榜题名的梦想在下一代人身上实现，明代浙江余姚的杨文俪就是这样一位女性。《明史》卷九十九《艺文四》中有《杨文俪诗》一卷，说明明代确有其人。《四库全书》的总纂官纪晓岚对她有很高的评价，说她是："盖有明一代，以女子而工科举之文者，文俪一人而已。"在纪晓岚看来，杨文俪是明代精通八股文的唯一女性。

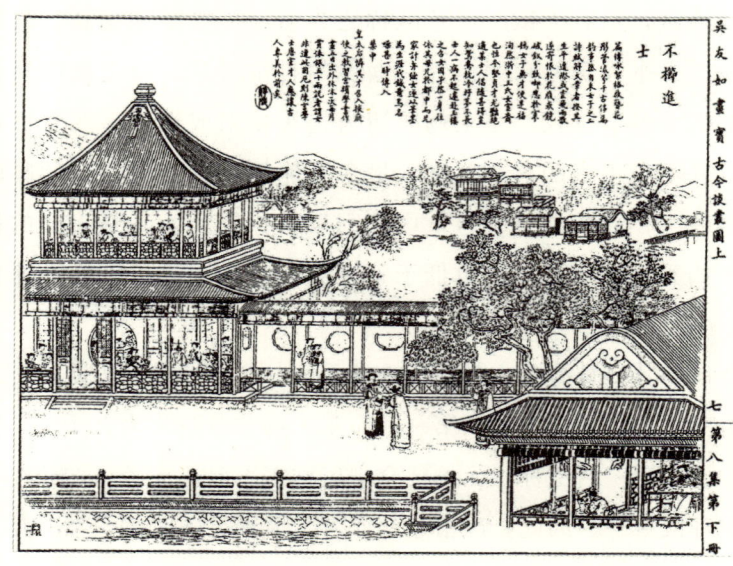

不栉进士图

杨文俪自幼在其父亲杨应獬（工部员外郎）的教导下，精通八股文写作。与鱼玄机一样，杨文俪自然也只能恨自己是个女子，无法参加科举考试。在嫁给孙升做继室之后，她全心全意地投入到培养孙升的五个儿子上，亲自教他们作举业文章。后来，五个儿子中有四个考上进士，其中三个官至尚书，相当于我们现在的省部级干部。另外一个担任太仆寺少卿，太仆寺主要是管理朝廷车马事务的机构，少卿是太仆寺的副官，一般为正四品，级别也是相当高的。尽管杨文俪自己没有办法参加科举考试，但她的理想在儿子们身上得到了实现，因此她的名字永留史册。

050 为什么明清时期科举及第者的年龄越来越大？

由于古代的户籍制度并不是十分健全，加上科举允许考生终生报考，考生虚报年龄的现象，尤其是改小自己年龄的现象比较普遍，因此及第者的实际平均年龄应该普遍比报考年龄高些。

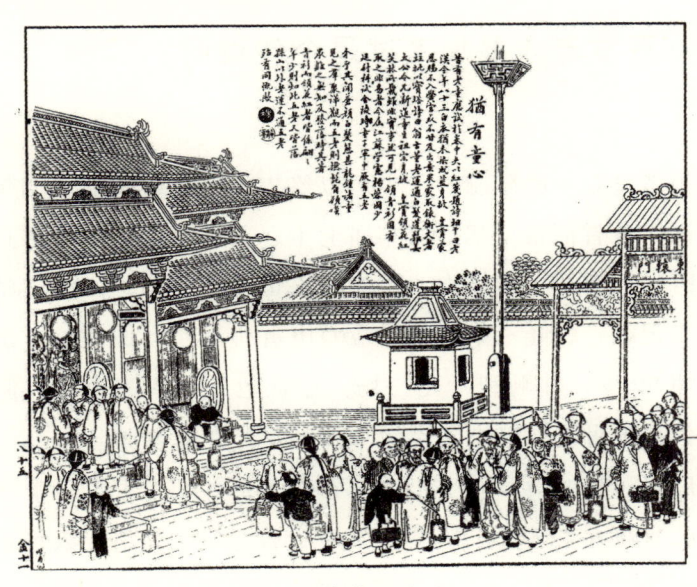

犹有童心图

至明清时期，随着应考人数急剧增加，士子及第的年龄明显提高。清代学者沈德潜在康熙三十三年(1694)考取生员，这时他21岁。此后，沈德潜连续参加了17次乡试，均名落孙山。直至乾隆三年(1738)乡试中举，次年考中二甲第八名，这时他已经67岁了。从院试考取生员到殿试中进士，前后时间长达46年。

《越缦堂日记》的作者李慈铭是道光三十年(1850)庚戌科考取生员，这时他21岁。之后他11次乡试落榜，直至同治九年(1870)庚午科乡试考中举人，这时他41岁。他又参加了5次会试，于光绪六年（1880）庚辰科殿试考中了进士，这时他已经51岁了。李慈铭的应试生涯至少有30年，他有一枚藏书章，上刻朱文"道光庚戌秀才，咸丰庚申明经，同治庚午举人，光绪庚辰进士"。有俗语说："县考难，府考难，院考尤难，四十二年才入泮"，正因为如此，老年考生的数量也随之增加。

051 百岁老人参加考试是个传说吗？

科举报考没有年龄限制，考生可以终生应试。乾隆五十四年（1789）己酉科乡试，各省汇报至朝廷的年届七十、八十的老年考生多达500余名。只要有足够的毅力和体力，百岁老人也可以应试。《清高宗实录》卷八百七十二记载，乾隆三十五年（1770）庚寅科江西乡试时，应试的广信府生员李炜99岁，并顺利考完三场。尽管他最终落第而归，但乾隆帝还是觉得他精神可嘉，特别赐予他举人，并允许他参加会试。

来自广东顺德的黄章60多岁中秀才，83岁成为贡生。康熙三十八年（1699）己卯顺天乡试时，99岁的黄章让曾孙举灯笼引导入场，灯笼上写有"百岁观灯"四个大字。面对其他考生的异样目光，黄章信心满满地表示，等自己102岁的时候，要继续参加下一科考试，他说："我今年九十九，非得意时。俟一百二岁，乃获隽耳。"道光六年（1826）丙戌会试时，应试举人广东三水县的陆去从已经103岁了，落榜之后，清廷赐其国子监司业衔。

052 清代对年老考生坚持应试有什么奖励吗？

自乾隆元年（1736）起，为给年老应试者以精神安慰，清廷赏给年老应试者官衔。乾隆十七年（1752）规定，80岁以上的举人赏翰林院检讨衔，70岁以上的举人赏国子监学正衔。嘉庆十四年（1809）万寿恩科，各省老年举子积极应试，完成三场考试的老年举人有370多名，均赏赐加衔。

清朝不仅赏给年老举人官衔，还赏给年老生员举人出身。这一制度始于乾隆三十五年（1770），这一年顺天乡试考生中，有85岁和80岁考生各一名，均赐予举人。次年，赐予顺天、山西、河南、江南、山东、陕西、湖北等省70岁以上之生员、贡生举人出身，使他们有资格参加会试。随着年老生员人数逐渐增加，虚报年龄的人也越来越多，清廷不得不随之提高赏赐举人的年龄条件。乾隆五十四年（1789）规定，年龄在80岁以上的赏给举人，准许参加会试；70岁以上者赏给副榜，不准参加会试。光绪五年（1879），改为80岁以上的赏给副榜，90岁以上的赏给举人。

053 98岁的老人考中举人之后，他为什么会把自己比喻为"老处女出嫁"呢？

《郎潜纪闻初笔》卷六《谢启祚耋年登科》记载了广东98岁的谢启祚考中举人的故事。98岁的谢启祚依然坚持参加乾隆五十一年（1786）丙午科广东乡试，面对别人的劝阻，他说："科名定分也，老手未颓，安见此生不为耆儒一吐气？"不知是主考官有意满足他的夙愿，还是他在考试

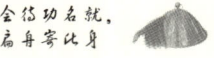

时发挥得特别出色,他果然高中举人。放榜之后,欣喜若狂的他挥毫作诗一首,并且取名为《老女出嫁》,来形容自己高龄中举的心情:

行年九十八,出嫁不胜羞。
照镜花生靥,持梳雪满头。
自知真处女,人号老风流。
寄语青春女,休夸早好逑。

在诗歌中,他把自己中举比作老处女出嫁,说自己虽然98岁了,但对于参加科举考试是充满自信的,一点也不感到害羞。其实,跟谢启祚同时参加考试,并考中举人的考生中,就有一位12岁的考生。用"照镜花生靥"来表示自己是有才华的,有信心能打动主考官的心。他认为自己是最了解自己的真实状况的,即"自知真处女",只是以前运气不佳,没有考上而已,这么老了还参加科举考试,人家才说我是个不服老的风流才子。最后,他对那些青年才俊说,你们不要以为自己年轻就有什么了不起,我这么大岁数照样能在科场中脱颖而出。在乡试后举行的鹿鸣宴上,广东巡抚看到耄耋之年的谢启祚和其他年轻人同堂欢庆,高兴地写下"老人南极天边见,童子春风座上来"的诗句。此后,不服老的谢启祚又长途跋涉前往京城参加会试。尽管会试落第了,但乾隆帝对他如此高龄还坚持应试的精神非常敬佩,赐给他国子监司业衔。三年之后,乾隆帝八十大寿时,赐给他鸿胪寺少卿衔,并"赐诗额以宠之"。据说谢启祚活到将近120岁才逝世。

054 除范进外,《儒林外史》里还刻画了哪些白发苍苍的老考生呢?

由于录取名额有限,能通过科举考试获得秀才、举人和进士的士子毕竟是少数,大多数读书人则是耗尽了一生的光阴也不得到任何功名,只能一辈子都是童生,科举功名对他们来说永远都只是空中楼阁,海市蜃楼。

吴敬梓在《儒林外史》第三回"周学道校士拔真才,胡屠户行凶闹捷报"中为我们描写了一个老童生——范进,"周学道坐在堂上,见那些童生纷纷进来:也有小的,也有老的,仪表端正的,獐头鼠目的,衣冠齐楚的,蓝缕破烂的。落后点进一个童生来,面黄肌瘦,花白胡须,头上戴一顶破毡帽。广东虽是地气温暖,这时已是十二月上旬,那童生还穿着麻布直裰,冻得乞乞缩缩,接了卷子,下去归号。"老童生范进自己说:"童生册上写的是三十岁,童生实年五十四岁。"除范进之外,吴敬梓笔下还有多位老年考生:周进六十多岁还是童生;杨执中"乡试过六七次,并不能挂名榜末",权勿用"足足考了三十多年;一回县考的覆试都不曾取";马二先生"补廪二十四年","共考过六七个案首,只是科场不利";倪霜峰当了 37 年秀才。吴敬梓本人则是在雍正元年(1723)考中秀才,29 岁参加乡试落第而归,36 岁决定不再参加科举考试,并主动放弃了"诸生籍"。

055 主考官会给予年老考生特殊关照吗?

乡试、会试实行密封、誊录制度,考官阅卷的时候无法看到考生信息,无法给年老考生以特殊关照。然而,童试不是正式的科举考试,考官阅卷时能看到考生信息,有的考官可能会给予年老考生特殊关照。据《香饮楼宾谈》卷一载:乾隆年间,浙江学政彭元瑞在主持院试时,有一个 60 多岁的老童生交卷后跪在地上不起来,说自己从小参加科举考试,已经考了几十次,眼看就要死了,希望主考官能满足自己最后的愿望——尝一尝穿上秀才服的滋味，直到彭元瑞点头答应后，这位老童生才颤颤巍巍地从地上爬起来。公布录取名单时，老童生被录取为额外生员。据传彭元瑞在他的试卷上还批了几句话："年在花甲外，文在理法外，字在红格外，进在额数外。"意思是说这位老先生年龄已经超过60岁了，但学问

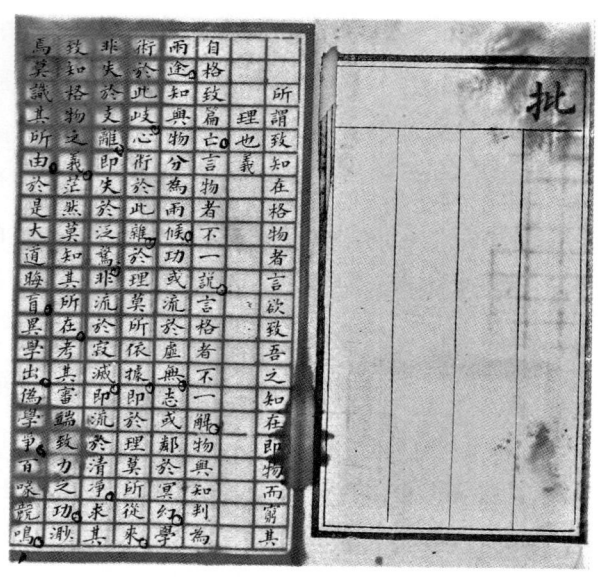

县试试卷

却没有什么长进，写出来的八股文根本不符合要求。不仅如此，由于这位老先生的年龄大了，眼睛也老花了，答卷时大部分的字都写在红格子外，这是一份不符合要求的试卷。但彭元瑞看到他年龄很大了，又可怜巴巴地给自己求情，还是给他一个额外秀才，算是对他的一点安慰。

056 有主考官歧视年老考生吗？

有的考官十分厌恶老童生，甚至歧视他们，特别是那些少年科场得意者当了考官之后，不仅对老童生特别苛刻，甚至还会有意刁难他们。据《常谈丛录》卷五记载：清代有一个叫伊明阿的官员担任一个考场的监临，组织点名入场时，他根据胡须来判断考生的年龄，如果考生上嘴唇

有胡须，他在其姓名下标一个"八"字。考生下巴留有胡须，在其姓名下标一个"个"字。考生有很多胡须，在其姓名下标一个"而"字。考生基本没有胡须，在其姓名下标一个"无"字。15岁以下的少年考生，在其姓名下标一个"妙"字。然后，他向主考官提供一份建议不予录取的年老考生的名单。

为区别对待不同年龄的考生，不少地方的县试第一场考题有"已冠"和"未冠"之分，要求15岁以上的考生做"已冠"的题，15岁以下的考生做"未冠"的题。然而，为做难度相对较小的"未冠"题，有的中年以上的考生千方百计地掩饰自己的外貌，把自己打扮得年轻点，而监考的人员一般也不会进行严格的审查，这样有的考生多次参加县试，每次都是做"未冠"的题目。

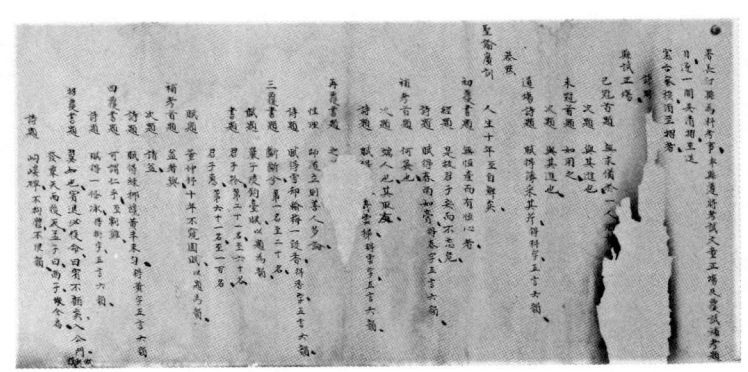

长汀县考试考题公文

057 多大的孩子能报名参加科举考试呢？

科举考试的报考没有年龄下限，只要考生愿意参加，无论年龄多小，都可以报名应试。宋代设有童子科，参加者均是能通经或作诗赋的神童。北宋著名词人晏殊自幼便聪明过人，宋真宗十分欣赏他的才华，在他 7 岁时便赐其童子试出身。宋代以后取消了童子科，有才华的小孩可以与成年人一同竞争，参加童试、乡试、会试与殿试以博取功名。明代正德三年（1508）状元吕楠是陕西人，他自幼家贫，但发奋读书，14 岁到临潼参加学政主持的院试，被录取为秀才。但此后由于家庭变故，他没有继续参加科举考试，直至 29 岁才中状元。清代大学士纳兰明珠的儿子纳兰性德 17 岁考取秀才，18 岁中举，19 岁中进士，与南宋大学者朱熹中进士的年龄相同。清代文学家袁枚自幼聪颖，7 岁开始跟老师读书，嗜书如命，12 岁便考中秀才。晚清名臣林则徐 13 岁府试第一名，14 岁考取秀才，20 岁中举，27 岁中进士。张之洞 13 岁考取秀才，16 岁名列顺天乡试第一，取为解元，"一时才名噪都"，26 岁中进士。蔡锷 12 岁考取秀才，16 岁参加湖南当时最高学府之一的时务学堂的入学考试，以第三名的成绩进入头班。梁启超 11 岁考中秀才，16 岁考中广东乡试第八名举人。蔡元培 17 岁考取秀才，22 岁中举，25 岁中进士。这些自幼聪慧过人的名人的科举考试成绩都非常优秀，恰恰说明科举确实可以有效地评价一个人的智力水平。

神童幼慧图

058 科举时代没有照片怎么防止考生代考呢?

古代没有科技手段来保障考生材料的真实性,考生的相貌只能靠文字来描述,唐代参加文举者的身份证明材料上一般是写"中形、黄白色,少有髭",而参加武举者的身份证明材料上就多写"长形、紫黑色,少有髭"。明清考生身份证明写"面白、面黑、面黄""有须(大胡子)、微须(少量胡子)和无须""圆脸、方脸"等。

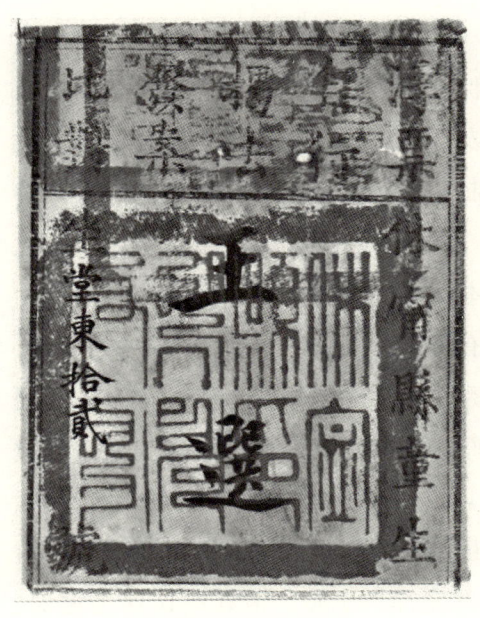

童生应试浮票

实际上,根据这样的描述,考场工作人员还是比较难分辨出考生的相貌。据《履园丛话》卷二十一《面貌册》记载:乾隆年间江南一次乡试,胡希吕出任监试官,点名入场时,他根据朱熹的《四书集注》中的"微,无也"这一句话,将所有在身份证明材料上写了"微须"而又有胡须的考生拒之门外。有一个叫沈廷辉的30多岁的考生属于"微须",为避免被胡希吕逐出考场,他四处找人帮忙将材料改为"有须",但没有找到可以帮忙的人,只好去剃掉了胡须。然而等他大汗淋漓地赶回考场点名时,又有人已经将他的材料改为"有须",胡希吕说:"此人又一顶替者,册上填明有须,何以无须?"结果费尽周折的沈廷辉还是被胡希吕赶出了考场。另一位"微须"的考生则与沈廷辉不同，他不甘心自己多年寒窗苦读的心血因考官的昏庸而付诸东流。被拦下之后，他大声抗议，胡希吕居然还厚颜无耻地骂他不读朱熹的著作。这位考生毫不示弱，冷笑着反驳道："若然则孔子微服过宋，脱得赤膊精光，成何体统也？"这句话让胡希吕哑口无言，再没有理由按照他的标准来识别考生的身份了。

059 科举报考怎么保证考生材料的真实性呢？

为弥补科举报考环节的不足，保证考生报考材料的真实性，科举采用了保结的制度。考生不仅需要亲友、族人、邻居和里长签订的保结文书——结状，而且还要行考生互结制度（一般由5名或10名同时参加考试的考生互相结保）。在此基础上，清代还采取廪生保结措施。实施之初，主要是认保，即由童生自行在本县享受官府津贴的秀才——廪生中选择一位为其担保者。如果报考者有冒籍、隐瞒守丧、身家不清、代考等舞弊行为，保结廪生则会被取消秀才资格，与舞弊者一同治罪。正因为需要承担如此重要的责任，廪生们往往会与自己熟悉的邻居、亲戚或者其他情况比较熟悉的报考者结保，以便最大可能地规避风险。然而，考生与廪生自行结保时，经常出现互相勾结，廪生帮助考生隐瞒不实信息的情况，极大地影响了保结作用的发挥。于是，清廷改认保为派保、挨保，即由府州县学的官员根据报考者的次序和廪生的入学名次，指定廪生担任保结者。这样考生和廪生的结保是随机的，他们不一定互相认识，使结保制度能更加有效地发挥作用。按照规定，派保廪生与考生的保结关系在府试后结束，院试则又需要根据府试结果更换派保廪生。

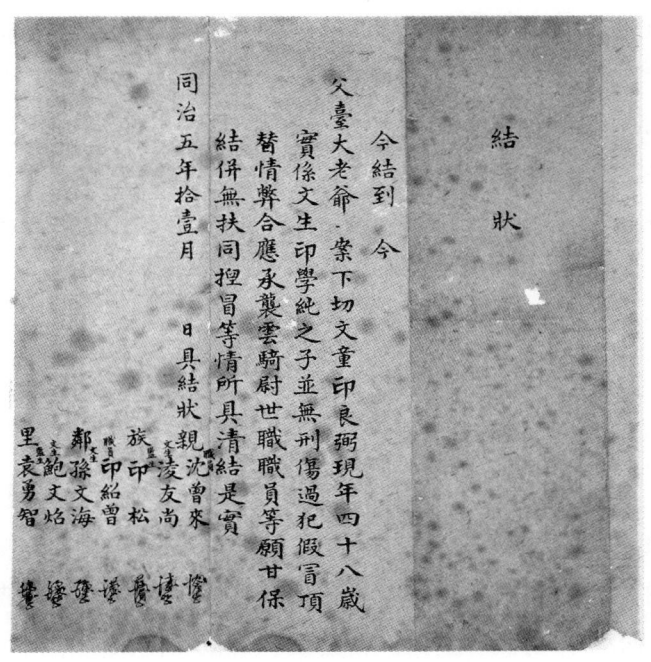

结状

确定担保者之后，需要在官学（县教育局）提供的文件上签字，以保证这些担保的有效性。在经过了这些程序以后，考生才算已经报考，获得了参加科举考试的资格。如果其中有一人弄虚作假，其他人就会受到牵连，不仅考生会失去参加科举考试的资格，而且担保者也会被取消秀才资格，并被开除出官学，有的甚至还会有牢狱之灾。

060 为什么有些七八十岁的读书人依然被称为"童生"呢？

明清时期，读书人完成报考后，他们的身份就成了童生，而不是白丁。童生并不是一个年龄概念，读书人在没有考上生员之前，无论是儿童、青壮年,还是白发苍苍的老人,都称为"童生"。明代读书人称生员为"老友",称童生为"小友"。如果童生考上了生员,哪怕他只有十几岁,也被称为"老友"。如果考不上生员,即便是 80 岁也被称"小友"。清朝有一副对联讽刺老童生:"行年七十尚称童,可云寿考;到老五经还未熟,不愧书生"。明清时期,读书人考上秀才的平均年龄约 24 岁,举人约 30 岁,进士约 35 岁。

061 童试是指一次考试吗?

童生在参加正式的科举考试——乡试之前须参加童试。童试称为童生试,俗称考秀才、小试,这既是童生进入府州县学的入学考试,又是读书人获取功名的初试。童试包括县试、府试和院试三个阶段,依次通过这些考试的合格者方可称为秀才。县试的场次由担任主考官的知县决定,一般为五场,但有的地方考四场,或考六七场。第一场是正场,最为重要。其后为覆试,也称招覆。第二场为初覆,第三场为再覆,第四、五场为连覆。府试的考试场次与县试基本相同,也是五场左右。院试一般考两场,包括正场和覆试。这也就是说,童试并不是一次考试,而是十二次左右的考试。因此,明清时期,考生要考取秀才也不是一件容易的事。

062 清代县试很容易考吗?

县试考试内容在清初屡有变更,至乾隆五十二年(1787),正场考四书文一道,经文一道,五言六韵排律诗一首,即要求考生写两篇八股文，一首五言六韵诗。有的县试考题分"已冠"题和"未冠"题，要求不同年龄层次的人来答题。县试要求考生答题用正楷字书写，文章要句读，每一股画一勾标明，叫"勾股"，每篇八股文限300字以内，每份答卷不超过700字。县试考题比较容易，但县试毕竟是读书人参加的一次重要考试，有的考生不免怯场，特别是那些年轻的、第一次参加县试的考生。钟毓龙先生在回忆自己参加县试时说："余初次下场，年幼胆怯，闻放二牌，心为焦急，六韵之诗，有一联竟驼顺风旗。""顺风旗"是指写诗时一种失韵现象，属于考生答题时的硬伤。一旦被考官发现，试卷即会被判为不合格，考生就失去了继续参加考试的资格。但由于县试仅仅是为府试选送考生的考试，因此录取名额比较多，有一定文化水平的考生都能被录取。

063 清代县试公布录取名单的圆形榜单到底是怎么写的呢？

县试由担任主考官的知县负责阅卷和录取。每场考试结束后，都会公布本场录取童生的考号，由于考号以圆圈形式书写，每五十人写成一个大圆圈，第一名抬高一个字书写，位于圆圈居中位置的最高一号，其他考号则依照排名按逆时针方向书写，第五十名正好写到第一名的右边。第二圈从第五十一名开始写，虽写在正中间的位置，但不再抬高一个字。这种公布录取者考号的方式被称为"圈""团""图"，或者"团案""草案"等，有的地方称为"轮榜""出号"。落榜则被称为"出图儿""闷将军"。在圆形图案中心，用红笔写一个"中"字，"中"字的一竖上长下短，使它像"贵"字头，表示吉利。第一场录取最为宽松，录取者即有资格参加府试，考生可以自愿决定是否继续参加接下来的各场考试。因此，从第二场开始，每场考试的人数逐渐减少。所有场次考试结束后，担任主考官的知县将各场录取者的姓名排列公布，称为"出案"。因按名次以长条形的榜单公布，故而又称"出长案"。县试第一名称"县案首"，院试时会被直接录取为秀才。在长案最后一名的姓名下用红笔画一个像椅子的椅面和靠背的钩形，表示名单到此为止，因此最后一名的考生就被戏称为"坐红椅子"。

064 学政是管什么的官？

学政是明清时期对由朝廷派往各省，负责全省教育事务官员的通称。宋代设有提举学事司，元代则有"儒学提举司"，都是管理地方教学事务的官职。正统元年（1436），明朝廷正式决定在各省设立提学官。清初沿用明制，在各省设学道，称督学使者、学政使，又称提学、提学使、学院、学宪，俗称文宗、学台、大宗师等。与其称呼相对应，学政主持考试被称为院试、道试、道考、学台考等。

各省学政为三年一任，在子、卯、午、酉乡试年份的八月，由朝廷从进士出身的各部侍郎、京堂、

学使怜才图

部属等官中选派,要求年终到任。学政的主要工作有案临所辖地区的各府主持院试录取秀才、主持岁试考核官学学生的学习情况、主持科试选拔参加乡试的秀才三项。

065 院试要求考生答题时一定要写草稿吗?

院试答题纸有固定的式样,每页12行,每行20个红格。除了这些画好格子的纸之外,通常还会附几张白纸,供考生写草稿用,称"卷后起稿"。童试阶段,清代规定考生必须写草稿,而且要求草稿纸上的文字须与答题纸上的大致相同,只是草稿上的字可以用行书、草书潦草地书写,而正稿要用楷书书写。如果学政在阅卷时看不到草稿,便将这份答卷以违例论处,其目的主要是防止考生代考。

晚清举人钟毓龙先生在《科场回忆录》中回忆了自己的族叔钟世培参加院试时发生的一件事:考试时,看到有"我四十不动心"一题,钟世培就用开玩笑的口吻在自己带来的纸张上写下"化日光天之下,万两黄金;更深人静之余,一双美女,试问大宗师之心动乎不动?"写完之后,他在座位上十分得意,旁边的考生偷偷地瞟看了一眼,问他敢不敢把这些文字写到答卷上去呢?年轻气盛的钟世培当即拿起笔将这些文字抄在答题纸后所附的草稿纸

院试捷报

上，并且在最后那个"动"字后又连续写了 39 个"动"，表示题目中"四十不动"的意思。这个冲动的举动差点给他带来终身的遗憾，学政在阅卷时发现这些文字，雷霆大怒，严厉斥责钟世培及其所在官学的教谕。

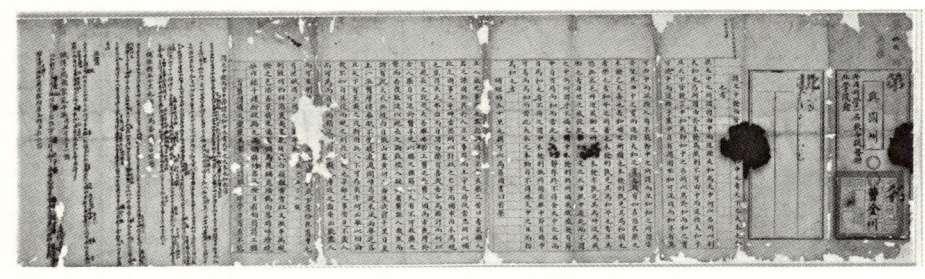

院试卷

066 什么是"小三元"呢？清代秀才服是什么样的呢？

院试的录取者称生员，又称庠生、茂才、博士弟子员、诸生，俗称秀才。生员是一种终身的资格，也是士子在科举生涯中获得的第一级身份。第一名者称"院案首"。若考生在县试、府试、院试中均名列第一，则有"小三元"之美称。院试公布录取名单的当天，会有专人前往被录取考生家中报喜，其后补送捷报单，捷报用红纸书写。捷报不仅送往考生家里，也送到考生的外祖父家、妻子的娘家、业师家等，以讨得赏钱。

清代中秀才的士子可以换上秀才

秀才像

服——袍为蓝绸青缘,冠用镂花银座,上衔银雀,披领为袍式,公服与文九品朝带相同。

由于明清童试是官学的入学考试,考取生员也就取得了官学的入学资格。清代地方官学的府学、州学和县学并无层级、水平高低差异,其教授的知识基本相同。院试录取者,多数要在籍贯所在地的县学就读,少数入府学,但清廷并未规定县学与府学的分配比例。由于官学多有泮池,因此考取生员入官学学习称为"入泮",也称"游庠""采芹"。考取了秀才,院试也就结束了。

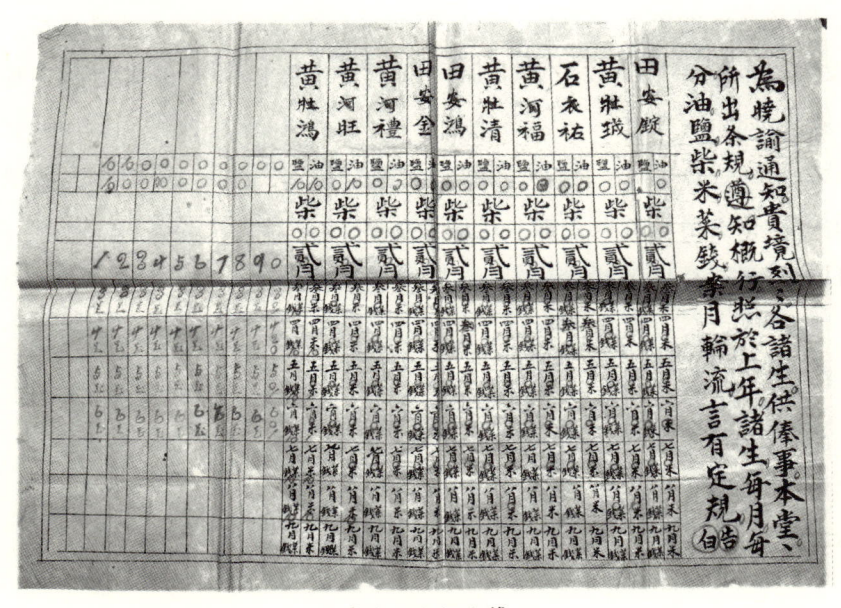

廪生领取银账簿

067 所有的秀才都有资格参加接下来举行的乡试吗?

明清时期,并非所有的秀才都有资格参加乡试,他们还需要通过一次选拔考试——科试。科试由学政主持,在乡试之年的前一年举行,乾隆二十三年(1758)规定,科试考八股文一篇,策论一道,五言八韵诗一首。科试考试成绩分六等,清初规定科试列一、二等的生员有资格参加乡试,三等可参加录科、录遗,四、五等则无资格应试。后来,又改为大省科试三等的前十名,中小省三等的前五名有资格参加乡试,其余三等者可参加录科。获得参加乡试资格的秀才被称为科举生员。

此外,为使有才华的秀才不因科试而被埋没,还有几种"补考"的形式,即录科、录遗和大收。录科是为科试落第或因故没有参加科试的秀才,以及在籍的监生、荫生、贡生等而举行的选拔考试。录科之后,凡是没有被录取,或因故没有参加科试者,还可以参加一次考试,称为"录遗"。如果录遗之后,仍未参加科试、录科和录遗者,可参加乡试前的最后一次选拔考试,称为"大收"。通过科试、录科、录遗、大收录取的士子都有资格到省城参加乡试。考生们将岁试、科试视为"畏途",对他们是精神和身体的折磨,"其尤惨无人理者,莫若岁科试,迫之以功令,监之以吏卒,促之以时刻,虐之搜索,困之以饥饿。"(《清朝野史大观》卷十一《科举时代之苦况》)

068 乡试是指在乡村举行的考试吗?

乡试又称乡举、乡闱、秋闱、秋试、秋榜、桂榜、大比,是明清时期在各省省会(包括京城)举行的选拔举人的考试,并不是在乡村举行的考试。因采取分省考试、分省录取的方式,与古时的乡举考试有形似之处,故称乡试。

明清时期沿用宋代以来三年开科一次的旧制,在子、卯、午、酉年八月举行乡试，丑、未、辰、戌年二月举行会试。在这些年份举行的乡会试，不需要由朝廷特别批准，由礼部依照科场条例进行，称为"正科"。除正科之外，清代还有恩科。按照惯例，如果开恩科恰逢正科年份，则正科或提前或延后举行，并不因为开恩科而取消正科。恩科主要有万寿恩科、登极恩科两类。

清代自顺治二年（1645）开科，至光绪三十一年（1905）科举停废，共开112科，其中正科84科，加科2科，恩科26科。

069 什么级别的官员有资格担任乡试主考官呢？

明清考官分主考官和同考官，主考官负责命题和确定录取名单，同考官承担具体的阅卷任务，并向主考官推荐拟录取的试卷。清初乡试主考官的选任，进士、举人、贡生出身者并用。如顺治十七年（1660）庚子科乡试，由岁贡出身的袁懋德担任山东主考官。康熙二年（1663）癸卯科乡试，拔贡出身的蔡驺担任云南主考官。康熙五年（1666）丙午科广西乡试正主考官曹守望、湖广乡试正主考官曹鼎望为举人出身。康熙五十年（1711）江南乡试正主考官左必蕃也是举人出身。雍正三年（1725），清廷明确要求乡试主考官由进士出身者担任，此后成为定制。

乡试主考官不仅多选进士，更有状元担任乡试正主考官的惯常做法。顺天乡试的正主考官一般由前一科的状元担任，至康熙年间，这种做法成为不成文的规矩了。比如康熙十一年（1672）壬子科顺天乡试的正主考官蔡启僔为康熙九年（1670）状元。康熙十四年（1675）乙卯科顺天乡试的正主考官韩菼为康熙十二年（1673）状元。康熙十六年（1677）丁巳顺天乡试正主考官彭定求为康熙十五年（1676）状元。二十年（1681）辛酉科顺天乡试的正主考官归允肃为康熙十八年（1679）的状元。不仅顺天乡试，状元也出任各省乡试的主考官。如康熙四十四年（1705）乙酉科陕西乡试的主考官由康熙三十四年（1695）状元徐文元担任，康熙二十六年（1687）丁卯科江西乡试的主考官由康熙二十四年（1685）状元陆肯堂担任。

顺天乡试正副主考官的级别要高于其他省份。顺治初规定，顺天乡试选用翰林官。康熙三十九年（1700）改为从进士、举人出身的侍郎、学士、京堂、翰林、科道、部属官员中选派。雍正三年（1725），规定必须选派进士出身的官员。乾隆三十五年（1770），清廷提高了出任顺天乡试主考官的官员的级别，规定应从协办大学士、尚书以下，副都御史以上的官员中选派。道光二十九年（1849）规定，顺天乡试主考之规格与会试相同，这样，大学士、协办大学士、尚书等担任顺天乡试主考官便成为惯例。乾隆三十九年（1774）甲午科顺天乡试，内阁学士嵩贵为顺天副主考，他是第一位担任这一职务的蒙古族官员。嘉庆十八年（1813）癸酉科顺天乡试，内阁学士果齐斯欢任副主考，他是第一位担任这一职务的宗室人员。

070 乡试正副主考官是如何选的呢？

为了保证考官的质量，自雍正三年（1725）起，清廷宣布实行考差制度。即对拟任乡试主考官的官员进行考试，由皇帝亲自判定等级，在选派乡试主考官时，考试成绩被作为重要依据。考差弥补了科举考官选拔制度的一个漏洞，加大了任职的难度，在一定程度上提高了主考官的文化素质，增强了他们的责任感和荣誉感。

内阁大学士宣布了名单之后,被选派各省的主考官必须在5天之内启程,朝廷认为如果逗留时间太长,"难免无交通嘱托"[(光绪)《钦定科场条例》卷九《乡试考官·直省乡试正副考官》]。一旦发现这种情况,御史需要向皇帝报告,给予主考官相应的处分。乾隆三年(1738),清廷对启程之日的要求略有放松,云南、贵州、四川、广东、广西、福建、湖南七省主考官可以在10天之内启程,其余各省主考官仍需在选派后5天内启程。

在尽量为奔赴各地主考的官员提供便利条件的同时,清廷也明确规定了他们赴任的纪律,各省主考官从京城出发时,不能携带家属,不能和亲戚朋友告别,不能多带随从,以免给驿站增加不必要的负担。在前往目的地的路上,主考官不能游山玩水,不能探亲访友。

派往各地的乡试正副主考官是一同任命的,清廷要求他们一同出发,路上不能分开,这既能表示他们两人精诚团结,也能达到互相监督的目的,防止有人在中途贿赂主考官。

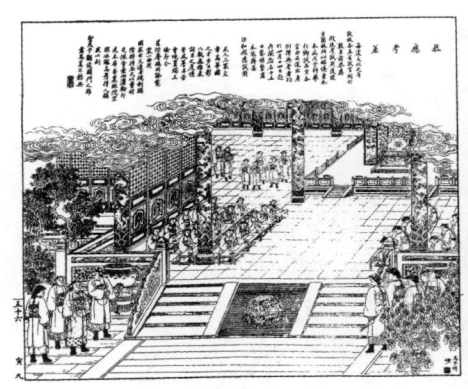

恭应考差图

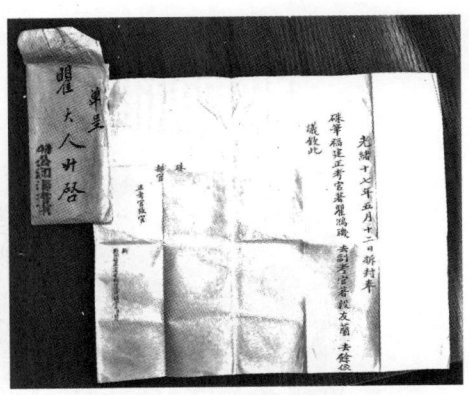

任命瞿鸿禨等为福建乡试主考官谕令

071 乡试的正副主考官为什么要分批从京城选派？

由于各省和京城的距离远近不同，选派主考官的工作需分批进行，分批选派。顺治初年，朝廷规定了选派工作的具体日期，地理位置最边远、交通最不便利的云南、贵州为四月初一选派，四川、广东、广西和福建为五月十二日，湖广、浙江、江西为六月十三日，陕西、江南为六月二十三日，河南为七月十三日，山东、山西为七月二十日。至清代中期，随着社会逐渐稳定，选派主考官的日期也进行了相应的调整，云南、贵州为四月下旬选派，广东、广西和福建为五月上旬，四川、湖南为五月中旬，湖北、浙江、江西为六月上旬，陕西、江南为六月中旬，山东、山西、河南为七月上旬。

仙蝶呈祥图

乾隆五十七年（1792），为防止考官交通嘱托，清廷再次改变了选派时间，云南、贵州为四月下旬，广东、广西、福建为五月下旬，四川、湖南为六月上旬。嘉庆五年（1800）又改四川、广东、广西、湖南、福建为五月上旬。十八年（1813），改湖南、四川的选派时间为五月中旬。至此，各省主考官共分6批先后选派，成为定制。

072 正副主考官从京城前往考点时，有专车吗？有补贴吗？

在古代的交通条件下，为解决奔赴各省主考官的食宿与交通问题，礼部与兵部发给他们通行证，可以免费使用驿站的马、船等交通工具。除此之外，清廷还给予这些主考官路费，数额的多少与其派往地区的远近成正比。前往云南的路费最多，为800两，其余省份400～700两不等，因顺天乡试主考官无须赶路，故不发放路费。

由于考官赴任的时间正好是夏天，天气炎热，加上大多数主考官路途遥远，因此赴任对主考官们来说是非常辛苦的。32岁的林则徐在嘉庆二十一年（1816）被任命为江西乡试副主考，他从北京出发，到达南昌的主考目的地——江西贡院一共花费了50天的时间。咸丰二年（1852）壬子科四川乡试的副主考官沈炳垣的任命时间是五月二十九日，六月初八他自北京启程赴任，至八月初二到达成都住所——皇华馆，花费了将近两个月的时间。有的考官因为长期的旅途劳累，积劳成疾。嘉庆六年（1801），陕西乡试的正主考官、翰林院编修靳文锐在奔赴考点的路上感冒生病，加上天气炎热，他的病情日趋严重，不幸于八月二十一日午时病逝。

073 每个乡试考场具体负责阅卷的同考官数量有多少？

同考官是负责具体阅卷的考官。清初规定乡试同考官选用本省进士出身的官员担任，如果数额不足，允许选用邻近省份的进士出身的推官、知县以及本省举人出身的教官补充。为保证同考官确实具备公正评阅试卷的能力，对于被选为乡试同考官的官员或者进士、举人，地方政府还需要进行一次考试，要求写一篇八股文，一道策论，只有"文理优长"者才有资格被选为同考官进入内帘阅卷。

清代各省乡试同考官的人数与明代基本相同，主要是根据各地考生人数来确定，清初规定同考官每人每天需阅卷250～300份，根据这一标准来确定同考官人数。同考官人数经历了多次调整，到光绪元年（1875），各省乡试同考官的人数为：顺天、江南，18人；浙江、江西，16人；山东、河南，14人；广东，13人；福建、湖南、湖北、四川，12人；陕西，10人；山西，9人；广西、云南、贵州、甘肃，8人。

074 考生赴考的路费全部由自己承担吗？

清代举人到北京参加会试，可以享受由政府提供车马的待遇，各省还会给予相应的路费。路费的多少，由各省根据路程的远近来确定，处于"天涯海角"的广东琼州府最多，每名进京赶考的考生可得到多达30两的银子。山东最少，每名考生只有1两银子。其他地方由2两到20两不等。这些考生的车上还会插上一个明显的标志，就是有一面写着"礼部会试"的黄布旗。因此，"公车"就成了进京应试举人的代称了。光绪二十一年(1895),康有为率同梁启超等数千名在京城应试的举人联名上书皇帝,反对清政府签订丧权辱国的《马关条约》,正因为这些上书者是进京参加会试的举人,因此这一事件被称为"公车上书"。

与举人到京城参加会试资助制度化不同,秀才参加乡试的资助并没有官方文件的规定。秀才需要从家乡到省会城市的贡院参加乡试,他们前往省城的费用也不低,尤其是那些边远地区的考生费用更高,其所需的费用丝毫不少于赴京赶考的举人。有的地方官员为了提高当地的科举及第率,动用地方的经费来资助参加乡试的秀才,但这种做法一般也要上报朝廷,经过朝廷批准后才能实行。例如清代湖南长沙府规定,官方会在农历七月发放资助金,每名参加乡试的考生可以获得3两银子的资助。为使资助经费有较为固定的来源,有的地方会划拨一定数量田产,然后以田租收入作为资助经费。这类似于我们现在的资助基金,只不过经费的来源是田租而已,这类田产被称之为"宾兴田"。

除此之外,各地的书院、宾兴会等民间机构也会资助考生,帮助他们顺利应考。

075 考生到考点之后,住在哪里呢?

为了有充足的时间适应考场所在地的环境和完成考试前的准备工作,考生们一般都会提前20天左右的时间赶到考点所在地——省城或京城。如果一个考生七月十五日左右到省城,到八月十六日考试结束,而乡试成绩一般要在20天后才能出来,那么考生至少要在省城住将近两个月。会试成绩在四月出来,考生需要在京城待上至少两个月。这样,考生找到方便应考的栖身之所是到达考点之后首先要解决的问题。

客栈当然是应试者栖身的主要场所。贡院附近成为客栈汇集的地方，精明的商人们都会采取各种办法吸引考生的眼球，客栈的取名大多会与科举及第、吉利用语相关。比如顺天贡院附近很多客栈的命名就是"状元店""状元古寓"等。由于科举考试是每三年举行一次，客栈的数量远远不能满足考生的需求，许多精明的、有房产的居民就看好了这发财的机会，纷纷腾出住房，自己和家人搬到外面去住，家里开设临时的旅店，这种旅店费用也相对高昂，无疑加重了考生的经济负担。

076 住不起客栈的穷考生真的只能露宿街头吗？

住不起客栈的穷考生也不用露宿街头，试馆或者会馆可以为他们提供免费或者廉价食宿的场所。试馆是会馆的一种，会馆是由同籍贯或同行业的人在京城及各大城市设立的机构，建有专门的建筑，供同乡同行集会、居住用。随着科举制度的发展，会馆的主要功能从最开始的为同乡提供交流平台，逐渐演变成为科举考试服务，也就是用来接待到京城或者省城参加考试的考生。会馆为考生们提供食宿方面的方便，因此被形象地称为"试馆"。有学者统计，仅北京就有大小会馆400多所，其中承担接待来京城参加会试和顺天乡试考生的就占了绝大多数。除北京之外，在全国各地的省城也建有相当数量的试馆，主要为参加乡试的人提供居住和学习的场所。大多数试馆或者会馆规定只有考上了的考生才需要付相对低廉的馆费，对于大多数落榜考生来说，这种试馆是免费的。正因为如此，我们完全可以将试馆看作为科举考试服务的公益机构或者慈善机构。在住过试馆的人中，考中举人、进士者不计其数，如林则徐、曾国藩、李鸿章、康有为、梁启超等。

077 什么是贡院？贡院是如何逐渐发展成规制完整的建筑的呢？

贡院是唐代出现的一个科举专用名词，又称贡士院、贡闱、贡场，寓意是向朝廷进贡人才的场所。因唐代的礼部贡院周围插满了荆棘，防止考生翻越，故贡院又有"棘闱""棘院"之名。唐开元二十四年（736），在礼部南院始设贡院。赵宋王朝建立之初，沿用唐五代之制，在京城设立贡院，作为科举考试的管理机构。但在长期战乱、经济几近崩溃的时代背景下，北宋朝廷上至中央政府，下至州县都没有足够的经费新建贡院以作为科举专用考场。元祐五年（1090），北宋朝廷明确规定各地必须新建贡院，而不能在学校和孔庙进行考试。按照朝廷的这一要求，有的地方开始设立贡院。

南宋时期，贡院的数量明显增加。宋廷在杭州新建了省试贡院，据《梦粱录》卷十五记载：礼部贡院设在观桥西，中间为大门，大门内设有考场工作人员的办公场所，比如弥封所、誊录所、提调官办公所等。中门内的东西两廊各有房子1000间，为考生应试场所。在贡院大厅两厢，列进士题名碑。此外，各地也兴建或重修贡院多达46座，其中福建、江浙、四川等地区的贡院不仅规模较大，而且设施齐全。

元代考试院有帘内官和帘外官之分，并且规定帘内官与帘外官不能交谈，以防止负责阅卷的帘内官与负责试卷前期处理的帘外官串通舞弊。不仅如此，元代将考生座位分隔开来，每位考生占用一间"席舍"，使得考场纪律更加严格。

到了明代，贡院已经规范化、制度化，清代基本上沿用了明代贡院规制，在府州县设立试舍和考棚，在京师及各省会城市则设立贡院。各

顺天贡院

地贡院严整划一，壁垒森严，成为科举制度的具体象征。除北京紫禁城的规模比顺天贡院大之外，其余各省会的贡院都是所在城市规模最大的建筑群。每一座贡院都犹如一座城市，因此称贡院为"考试之城"一点都不为过。

078 贡院中有一座三层高的楼房是用来干什么的呢？

明清贡院大门外有牌坊。贡院大门分左、中、右三个门，中间的门上悬挂有"贡院"二字的墨字牌匾。进入大门之后，顺着大门往里面走，就是仪门了，仪门之后是龙门。为了使贡院与外界隔绝，四周用高墙围住，清代贡院围墙一般有一丈五尺高，贡院的围墙上还布满荆棘。

明远楼是贡院的主体建筑之一，位置在考场的最南边。从龙门进去后为一条宽阔的大通道,又称"甬道",在这条甬道中央建有一座全贡院最高的建筑——明远楼。"明远"二字来源于先秦儒家经典著作《大学》中的"慎终追远,明德归厚",从字面上看,还包含有明察远近的含义。明远楼一般为贡院的中心,为三层楼建筑,二、三层都只有木柱没有墙,或者四面都是窗户,是用来巡考和监考的。考试时,负责考场纪律的监临、外提调、外监试、巡察等官员都会爬到明远楼上去——由于上面可以居高临下,而且没有什么遮挡,全考场的情况可以一览无余——主要是检查考生与考生之间、监考的士兵与考生之间、考场内外是否有作弊行为。

鸟瞰江南贡院

四川贡院明远楼

明信片上的广东贡院明远楼

079 负责考务和试卷处理的官员有专门的办公场所吗？

在贡院的核心位置有一幢威严的建筑，被称为至公堂，是贡院外帘部分标志性建筑，为负责考场纪律、监考和处理试卷的工作人员的办公地点。顺天贡院"至公堂"三个字是由明代大奸臣严嵩所写。严嵩虽然在政治上为人所不齿，但他在书法方面却极有造诣，写得一手漂亮的字。这也是极具讽刺意味的地方，严嵩在政治上颠倒黑白，毫无公正可言，却由他来写"至公堂"三个字，实在是违背了最公正

甘肃贡院至公堂（匾上"至公堂"三字为左宗棠所书）

的意思。清代的乾隆皇帝总想换掉这几个字，下令大臣们都来写至公堂这几个字，连他自己也御笔亲书了，但是都没有严嵩写得好，这让乾隆感到很郁闷，只好保留了严嵩写的"至公堂"三个字。在至公堂的东、西两旁是考场工作人员的办公室，包括掌卷所、受卷所、弥封所、誊录所、对读所，还有其他维护考场纪律人员和后勤服务人员的工作和居住场所。这些办公室、居住场所由相对独立的院落组成，这一部分建筑被

称为外帘部分。

080 命题、刻印试卷、阅卷等都在贡院进行吗？

命题、刻印试卷和阅卷都是在贡院的内帘建筑里进行。内帘与外帘之间是绝对分开的，内外帘的隔断有的是用一道帘子，有的则是用一座桥来连接，江南贡院就有"飞虹桥"。外帘的工作人员只能在帘外或者桥

江南贡院飞虹桥碑

的另一头与主考官沟通，根本不可能进行私下交流，目的是要防止承担不同任务的内外帘工作人员勾结舞弊。内帘部分在顺天贡院被称为聚奎堂，各省多称衡鉴堂、衡文堂、抡才堂等，这是主考官和同考官分房评阅试卷的场所。聚奎堂在整个贡院建筑布局上与内帘门、外帘门、至公堂、明远楼、龙门、贡院大门同在一条中轴线上。

内帘部分除聚奎堂外，还有负责内帘试卷收取的内收掌，管理内帘纪律的内监试，负责内帘官员后勤服务的内提调办公室。除此之外，内帘部分还有刻字房和印刷房，这主要是刻印试卷用的。每场考试前一天由主考官命题之后，当即由刻字房和印刷房的工匠将试题印好，在当晚或考试当天凌晨送交外帘官，由外帘官立即分发给各号舍的考生。

081 为什么说中国古代考场的设计是全世界最巧妙、最实用的呢？

号舍是贡院的主体建筑之一，是考生应试作答和贡院内生活的场所。号舍是一间有相对独立空间的小屋，类似于我们现在很多地方设立的小包厢。明清时期，号舍的大小都有标准，每间号舍三面有墙，南面是敞开的，没有装门。每间号舍宽3尺，深4尺，后墙高8尺，前檐约高6尺。如果按清代的每尺相当于今天的31.1厘米来计算，号舍的建筑面积只有1.16平方米。而明清时期的每个举人、进士都曾经在这样的小空间里苦思冥想过，奋笔疾书过，这里是他们人生走向辉煌的起点。

为满足考生在贡院中过夜的需求，号舍有"上下砖托"的设计，即在号舍两边砖墙上离地一尺五寸高和二尺五寸高的地方分别留有一道砖缝，或者说是砖托，用于搁号板。而号板是由两块木板组成，每块标准的号板是一寸八分厚。如果将这两块号板都放在下面那一道砖托里，合起来能够铺满号舍，就变成了一张临时床，考生可以在里面休息睡觉。如果考生需要答题写字了，他们就可以将靠外面的这块号板挪到上面这排砖托上，里面的那块号板则不动，这样恰好就组合成一套写字用的桌椅。考生根据白天和晚

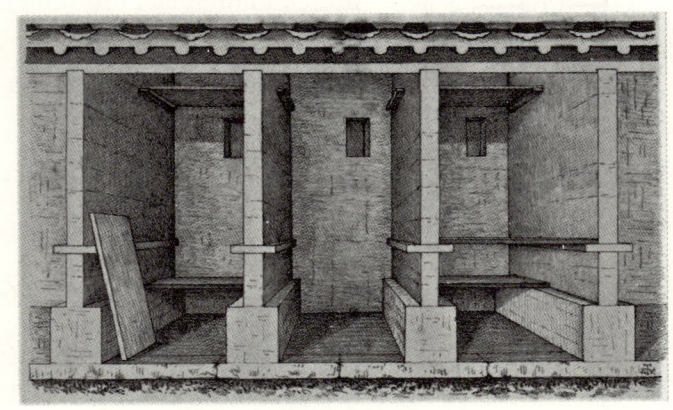

号舍示意图

上的不同需要进行任意组合。号舍的这种设计完全满足了科举考试的需要。因为明清乡会试的每场考试，考生需要在里面待三天两晚，乡会试每科都需要考三场，也就是说每次考试，考生都需要在号舍中待九天六夜，因此考生坐卧、写作、饮食等都在号舍及号巷之中，他们既需要答题的桌子凳子，也需要休息的床。如果单纯从功能的角度来考虑，这种设计肯定是上乘之作。

计量单位　营造尺

正面图　　　侧剖面图　　　透视图

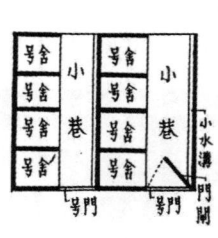 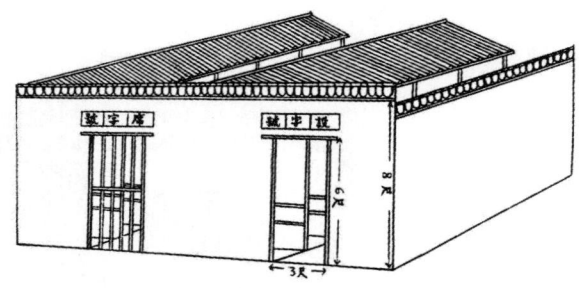

号门号舍平面图　　　　　　号门号舍透视图

号板对考生来说是至关重要的，不仅考试需要在号板上进行，而且考生们吃饭、睡觉都离不开这号板，因此人们称它为"生命板"。有些考生终其一生也不能进入乡试的考场，也就与这块"生命板"一生无缘了。因此，古代读书人对号板有着特殊的感情。

082 考生需要在考场中过夜，他们晚上能睡得好吗？

按照规定，进入贡院的考生不能饮酒，也不能在贡院内高谈阔论，应该立即根据答卷上提供的考号进入号舍，某字号的号舍人满后，立刻将该号的栅栏门关闭，并用大锁锁好，考生不能擅自出入。但在实际的实施过程中，考生并未严格遵守，有的考生在贡院号巷内大声喧哗，这直接影响了其他考生的休息。《儿女英雄传》的主人公安骥所在的号巷就是如此：

这个当儿，这号进来的人就多了。也有抢号板的，也有乱坐次的，还有诸事不做找人去的，人找来的，甚至有聚在一处乱吃的、酣饮的；便是那极安静的，也脱不了旗人的习气，喊两句高腔，不就对面墙上贴几个灯虎儿等人来打。……才点灯，便放下号帘，靠了包袱待睡；可奈墙外是梆锣聒噪，堂上是人语喧哗，再也莫想睡得稳，良久才睡熟。

不仅如此，由于考生在号巷中不能出去，吃喝拉撒睡都在里面，使号巷中污浊不堪，考生们的基本生活都难以得到保障，更不要谈休息得好。安骥在结束乡试后，向太太、舅太太、张太太描述号舍中的生活时说：

太太几乎要把儿子这几天的吃喝拉撒睡都问到了。公子一一答应，又笑道："都好将就，就只水喝不得，没地方见大秽。"太太道："那可怎么好呢？"亲家太太又问："难道连个粪缸也没有？"公子道："倒不是没有。第一场到了第三天就难了。再到了第三场的第三天，连那号筒子的前半路都有了味儿了，没法儿，我憋到出了场才走动的。"太太啧啧了两声，皱着眉道："你听听，敢则这么苦呢？"

083 考生在考场中生病了该怎么办呢？

科举考试不仅时间有限，而且考试题量也相当大。明代乡试头场就要写 7 篇八股文，要求每篇写 200～300 字。清代中期开始，乡试头场写 3 篇八股文，1 首试帖诗。第二场根据命题写 5 篇八股文。第三场策问，需要回答 5 道题目，其中每道题目之中包含了若干个小问题。每篇八股文考生需要写 700 字左右，回答的策问题目也有相当的难度。考生在号舍中必须紧绷神经，全力以赴，才能发挥出自己的最好水平。在紧张应试时，考生往往又无法顾及个人的饮食卫生，吃的东西都只是进场时携带的食物，而古代根本没有办法像现在一样对食物保鲜，而乡试期间大多数地方天气仍然酷热，食物变质腐败是在所难免的。加之饮用水并不干净，在考场中应试的考生生病的概率非常大。光绪二十八年

(1902)福建乡试时,由于天气酷热,考生中暑生病,头场就有4个人死在考场,第二场又有3个考生还没有考完,就病死在号舍中。考生一旦得病,当时的医疗水平无法立即治愈,轻则无法完成3场考试,重则会命丧考场。除病死之外,有的考生不堪忍受考试的巨大压力而放弃,甚至有的考生在考场中自杀。钟毓龙先生回忆,光绪壬寅科浙江乡试时,"闻场中考生死者三人。一死于蛇,一以烛签自刺,一自碎其睾丸。"

084 一座贡院能同时容纳多少考生考试呢?

每座贡院号舍的数量是由考生人数决定的。清代北京的顺天贡院和南京的江南贡院的规模相当大,号舍的数量也多,这两座贡院分别被称为"北闱"和"南闱",其中江南贡院是规模最大的贡院。

根据道光年间的史料记载,顺天贡院的号舍规模相当大,至公堂东边的号舍称为东文场,有60排,号舍4474间。后来东文场东北又增加了号舍,称为小东天,有11排,号舍221间。至公堂的西边号舍称为西文场,有58排,号舍4851间。后来西文场西北增建了号舍,称为小西天,有47排,号舍874间。东西文场共计有号舍176排,10420间。

顺天贡院号舍

江南贡院号舍

与顺天贡院相比，江南贡院的历史更悠久，规模要大得多。南宋乾道四年（1168），南京建有考棚，是解送考试的场所。明清时期多次扩建，到清代末年，江南贡院的号舍达到了20644间。江南贡院承担了江苏和安徽两省乡试的任务。至清末，顺天贡院、江南贡院、河南贡院和广东贡院规模最大，被称为"清末四大贡院"。

085 考生如何在被称为"考试之城"的贡院中找到属于自己的座位呢？

对于号舍，《聊斋志异》中《王子安》篇有形象的描述，他说："及入号舍也，孔孔伸头，房房露脚，如秋后之冷蜂。"这里将密集狭小的号舍比喻成蜂巢十分形象逼真。既然像蜂巢，那么肯定是一排排的。每排号舍编为一个字号，用《千字文》编列，在巷口门楣墙上书写"某字号"，比如"天""人"字号，这是古代编排顺序的一种方式。为了便于考生入场时能尽快找到自己的号舍位置，在每次考试前，贡院会给每个考生提供一份座号便览，上面标明各字号号舍所在的方位。每一字号内的号舍多少不一，约有五六十间到一百多间，都向南排成一条长巷。巷宽只有四尺，由于这样的巷子类似于胡同，因此又被称为"号筒"。巷口有栅栏门，并配备了号灯及水缸，每一排号舍的末尾有厕所。

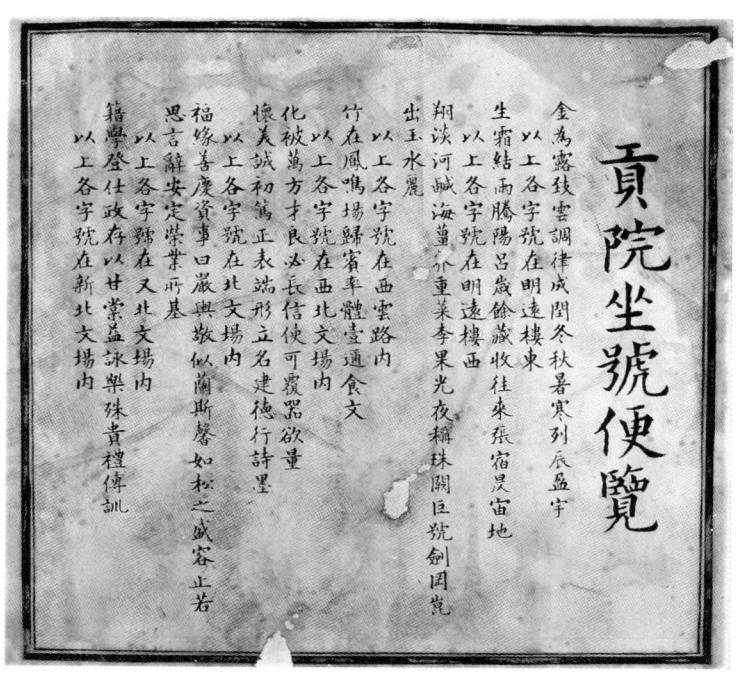

贡院坐号便览

086 考生在考场中吃什么？喝水问题怎么解决？

如前所述，参加乡试、会试的考生自点名入场到交卷出场，每场考试都需要在贡院内待三天两晚，三场加起来是九天六晚。但贡院内仅仅提供号舍和热水，其余所有食品和物品都需要考生自带。为了解决考场内工作人员和考生的喝水问题，各地在建设贡院时，都挖了数量不一的贡院井作为考务人员和考生们的水源。然而贡院打井的位置只能在贡院内，这使得水质没有办法得到保障。加之，贡院是三年才用一次，贡院井的水都已经成为死水，肮脏不堪。尽管每到考试之前，贡院井都会清洗，但是有的贡院有意将井口设计得非常小（目的是防止那些没有考好的考生因为失望、绝望而跳井），这种设计实际上也加大了贡院井的清理难度，使之很难进行彻底的清洗，也就无法保证井水的水质。为了解决饮水问题，考生们往往会自己用竹筒装水，带入考场。然而，竹筒装的水总是有限的，加上天热，喝水多，因此带进去的水一般只够一天喝，第二天、第三天考生还是需要喝贡院提供的井水。

087 考场中座位的位置真的能决定考生的命运吗？

贡院号舍根据条件被分为老号、底号、小号和席号四种类型，各种号舍对考生的考试结果直接产生影响。我们以清代著名学者陈祖范所作的《别号舍文》为例来说明。这位79岁的老先生曾经24次进入号舍，算是科场的老手了。进贡院后，最担心号舍不好，他说："方是之时，或喜或戚。"

最让他高兴的是"老号"，在老号应举，有"人失我得，如宦善地，欣动颜色"的感觉，心情十分爽快。

最让他担心的是被分配到处于厕所旁边的"底号"，住在这种"粪溷之窝"的应考者是"过犹唾之，寝处则那，呕泄昏怄，是为大瘥"，有谁在这样臭烘烘的环境中，还能应付自如地写出让考官欣赏的八股文章呢？

即使有幸没有被分配到底号，陈祖范也很难高兴起来，他担心分到"小号"之中。在建造贡院的过程中，有的施工者偷工减料，私自缩小尺寸，使得号舍面积明显缩小，小到"广不容席"，就是说一床席子都放不下，人根本没有办法躺下去睡觉。在这样的号舍应试，考生感到浑身难受，陈先生自己形容为"庶为僬侥，不局不脊"，腰酸背痛在所难免。

最后是"席号"，这类号舍十分破旧，连风雨都挡不住，陈祖范形容是"上雨旁风，架构绵络"，经常是外面下大雨，里面下小雨。由于科举考试有着非常严格的规定，试卷绝对不能被雨水打湿，也不能有损坏，否则会被当作违规试卷由负责收卷的官员挑出来，根本就谈不上会被录取。

088 乡试考生交卷出场时，为什么手里会拿根竹棍子呢？

考生交卷时，监临坐堂上，监督受卷官收卷，每五十份试卷封号装入箱中。受卷官仔细检查考生的考卷，并核对考生的身份之后，发给考生照出签。根据晚清浙江举人钟毓龙在《科场回忆录》中的描述，乡试的缴卷处在至公堂，至公堂设有受卷处，受卷官收了试卷就会发给考生照签一支，长约五六尺，是用竹做的，一半染成红色，提调官会在签上亲笔画押粘贴。考生凭着这个到门口缴交，龙门委官营弁验明后就可以出场。为防止代考舞弊，照出签上都需要有提调官的画押，以表示照出签是真实的。按照这一规定，如果考生交卷出场，

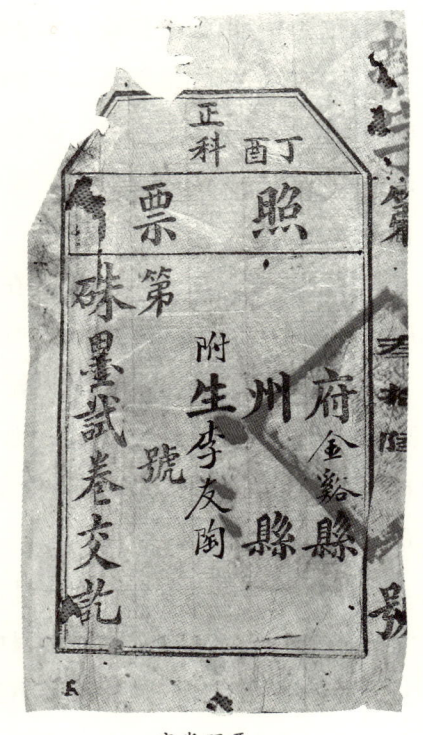

交卷照票

他们每个人要扛一根一米五左右的竹棍，到即将走出贡院大门的时候，看守要验看这根竹棍，合格者将允许出场，竹棍交给看守，作为出场的凭证。受卷官需要严格检查考生答卷，看是否有违例试卷。如果发现污损试卷、添注涂改超过100字的，受卷所官员将试卷截角，并写明原因。这些考生与誊录所、对读所挑出的违例者的姓名、籍贯用蓝笔书写，张榜公布于贡院门外，称为"登蓝榜"。登榜者，即被取消继续应试的资格。

089 考生的试卷被密封后，怎么知道哪份试卷属于哪个考生呢？

受卷官处理完之后，考生试卷交给弥封所。弥封所首先要密封试卷，将考生的姓名、籍贯、年岁、父祖姓名等信息密封起来。弥封所还有一项非常重要的工作是给试卷编号。由于试卷被密封，如果不编号，无法识别考生的试卷。考生上交的试卷是墨笔书写的，因此叫墨卷，墨卷被密封之后，需要由考场组织专人用红笔誊抄一份，称为朱卷。这样，不仅墨卷需要编号，而且需要在朱卷上编上同样的号，否则朱卷与墨卷就有可能会对不上。因此，清廷制定了弥封所的规则：在区别试卷的字号之后，"书印用红号，登记档案，墨卷必与朱卷相对，头场必与二、三场相对，卷号必与簿号相对，不得用模糊旧印及不全字号"；弥封所在用千字文编列印红号之前，由监临、知贡举将千字文戳印次序先行搅乱，弥封官随机印号。

090 将所有考生答卷誊抄一遍，需要多少人来专门抄写呢？

弥封所将墨卷、朱卷同时送往誊录所。誊录所是外帘四所中最为关键的机构，主要职能是将墨卷用朱笔誊录在已经编号的朱卷上，朱卷即墨卷的副本。由于内帘考官评阅的是朱卷，因此誊录朱卷是阅卷的基础。清廷对誊录做出了严格的规定。顺治十五年（1658）规定：如果誊录潦草，字句差落，轻则责令其重写，如果是重大错误，则戴枷示众；如果属于故意截去文字，挪东移西，则依法治罪。

为了能清楚地反映墨卷的情况，誊录书手在誊录时，一定要标明墨卷中涂改了多少个字。但誊录书手中还是有人收受贿赂，帮助考生窜改答卷。为保证誊录书手的素质，清代还对誊录书手进行考试。道光元年（1821）的八月初一，林则徐担任浙江乡试监试官，他在九月十九日，"赴贡院亲考誊录。缘浙省誊录八百人，向来能书者仅及其半，故于此次亲试之"。这句话的意思是说，由于过去浙江省的誊录书手每科有800人，但是真正能誊录试卷的大概只有一半，因此林则徐这次亲自对这些誊录书手进行考核。这说明林则徐很重视誊录书手的水平。

091 什么措施可以保证考生的答卷与抄写的副本完全一致？

试卷誊录之后，还要交由对读所校对。对读生要严格校对朱卷和墨卷，如果发现有遗漏或誊录有错，则用赭黄笔改正。如果誊录书手擅自修改补充墨卷内容，而对读生又不举报，一经查出，对读生要受到重罚；如果对读所官员没有查出对读生的疏漏，一旦被查出，那么对读官也要被处罚，对读生则要被开除。对读生擅自改动朱卷的文字，或朱卷遗漏了墨卷的某些文字，对读生擅自代誊录书手誊写，即使不是有意舞弊，对读生也要承担责任。为能明确责任，受卷、弥封、誊录和对读时，承办者都需要在朱卷面页写上自己的名字、籍贯，以便倒查。完成对读后的朱卷、墨卷送给收试卷的部门——外收掌。

092 乡试考官评卷的标准是什么？

开始阅卷后，主考官和同考官要坐在一起，同考官不能将试卷带回房间评阅，负责监视内帘工作人员的内监试与主考官面对面坐着，负责监督同考官的阅卷情况。同考官只能评阅所分到的试卷，不得干预其他人阅卷，不许议论考卷的内容与优劣。考官们从"理、法、辞、气"四个落脚点来批阅八股文："理"是考查考生对儒家经典的掌握和对宋儒著作的理解，"法"是考查考生对八股文行文方法的运用，"辞"是考查考生的文字组织能力和表达能力，"气"是考查考生蕴含在文章中的思想才情的浓度。评阅试卷的标准是"清真雅正"，具体是指八股文章要用简洁、典雅、畅达的语言来阐述士子所领悟到的孔孟之道、程朱之学。

093 负责具体阅卷的同考官怎么让优秀的试卷被主考官录取呢？

按照清代的规定，试卷的"去取权衡，专在主考"。换言之，录取与否的决定权在正副主考官，而各房官的职责是向主考官推荐优秀的试卷。根据这一标准,同考官会将自己认为上等的试卷用蓝笔标记,推荐给主考官,称之为"荐卷",俗称"出房"。在向主考官推荐时,同考官需要写出推荐的理由。陈述理由的文字需要写在一张专门用于荐卷的小纸条上,与试卷一起交给正副主考官。第一场推荐以后,二、三场试卷可以继续推荐,如果某考生的二、三场试卷特别出色,而第一场试卷未经推荐的,还可以补荐,如果有特别出色的试卷被推荐叫"高荐"。

如果副主考官认可荐卷,会在上面写"取"字,正主考官则写"中"字。取中之后,这份考卷和同考官陈述推荐理由的纸条需要一起保留,以备礼部组织官员磨勘。如果同考官举荐的试卷,被主考官刷下来以后,同考官可以再次推荐,称为"抬",若这份试卷多次被同考官推荐,而又多次被主考官刷下来,就称之为"抬轿子"。

094 什么是"搜落卷"?"晚清四大名臣"之一的左宗棠真是通过"搜落卷"被录取的吗?

同考官没有推荐的试卷,或者同考官荐举而主考官没有认可的试卷统称为"落卷",分别由同考官、正副主考官加上简单的批语,说明没有录取的理由。为了保证不遗漏好的试卷,乡、会试发榜前,主考官还要在落卷中寻找优秀的试卷,称之为"搜落卷",或称"搜房"。清代搜落卷制度始于康熙五十

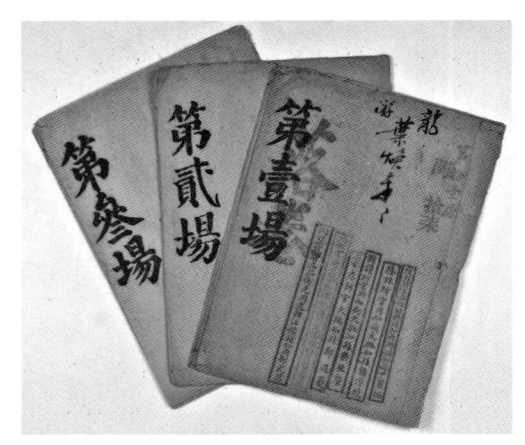

乡试三场落卷

年(1711)辛卯科顺天乡试。搜落卷制度确实选拔了不少人才,在一定程度上保证了科举公正与公平。康熙五十一年(1712)壬辰科会试,皇帝命令搜落卷,徐葆光、何国宗名列其中。后来在殿试中,徐葆光高中探花,何国宗列二甲第十名。雍正元年(1723)春,顺天举行癸卯恩科乡试,皇帝命主考朱轼、张廷玉细心搜阅落卷,得到社会舆论的一致好评。乾隆二十八年(1763)癸未科会试,在落卷中搜得秦大成试卷,殿试时,秦大成竟高中状元,被人称之为"癸未一榜,英才济济"。道光十二年(1832)壬辰科乡试,湖南乡试主考官徐法绩通过搜落卷,录取了多位有真才实学的人才,晚清名臣左宗棠名列其中。

095 为什么阅卷的考官工作时要使用不同颜色的笔?

为明确考官和考场工作人员的责任,清代科场严格规定不同性质的工作使用不同颜色的笔:乡、会试主考官用墨笔,房官用蓝笔,内监试用紫笔,内收掌及书吏用蓝笔。监临、监试、提调、受卷、弥封、誊录、对读、外收掌官都用紫笔,誊录书手用朱笔,对读生用赭黄笔,各种颜色的笔不能混用。对读官员发现朱卷与墨卷不同,应当在朱卷上用赭黄笔修改,对读所提交文件时,仍然用紫笔。正如商衍鎏先生所说:"以用笔之颜色,明所负之责任,防微杜渐,用意至深。"

此外,为了保证阅卷质量,乡会试还有一个复查程序。公布录取名单之后,各省需要将取中举人的试卷解送到礼部,由相关的官员进行复查,称为"磨勘"。由于"磨"与"魔"同音,因此一些严厉的磨勘官有"魔王"的称谓。

096 公布乡试录取名单的榜单为什么称为桂榜、龙虎榜？

乡试完成阅卷之后，主考官需要严格按照各省的录取名额及各字号的录取名额，确定新录取举人的名单，不能随意增减，否则要受到责罚。公布录取名单，称之为放榜。康熙五十年（1711），清廷要求大省在九月十五日内，中省在九月十日内，小省在九月初五内放榜。之后这成为清代定制，仅在光绪十三年（1887）允许考生人数众多的江南乡试的放榜日期延后10天，即在九月二十五日内放榜。

然而，清廷仅仅规定了放榜的期限，各省放榜的具体日期、时辰自行确定。因寅属虎，辰属龙，各省放榜多选寅、辰日，取龙虎榜之意，以求吉利，因此乡试榜被称为龙虎榜。乡试放榜时，正值秋季，桂花盛开，因此乡试榜称秋榜、桂榜、蕊榜。

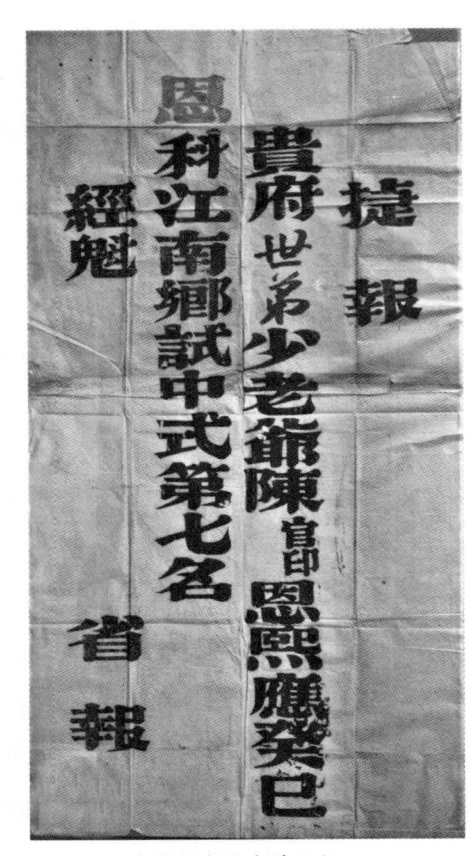

陈恩熙乡试中举捷报

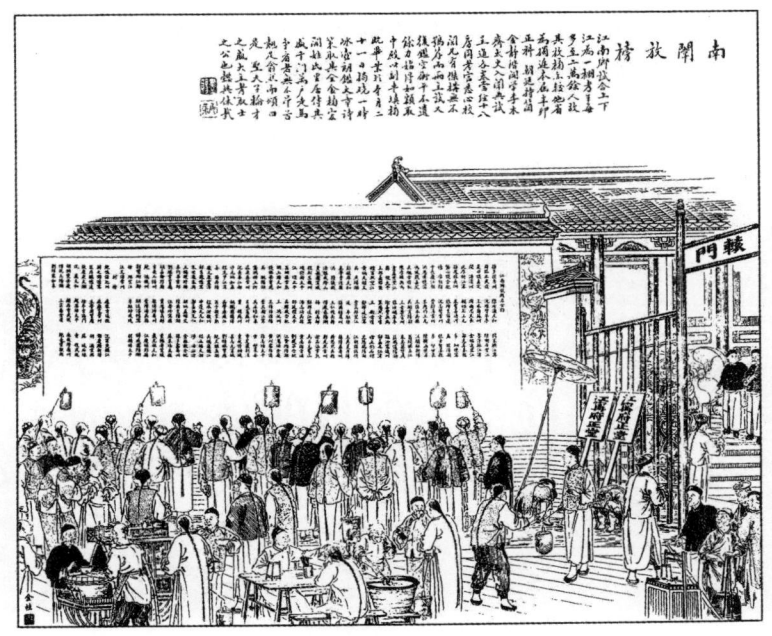

南闱放榜图

097 鹿鸣宴是什么？哪些人有资格参加呢？

唐代解试结束后，地方官员会举行宴会款待考官、场官和新科举人，宴会上唱鹿鸣诗，故称鹿鸣宴。自明代开始，乡试后设鹿鸣宴。清初乡试后，顺天府在府署，各省则在布政司设鹿鸣宴。

有三类人有资格参加鹿鸣宴，第一类，正副主考官、监临、各省学政、提调、监试、同考及执事各官。第二类，新科举人。新科举人在主考官带领下，向参与宴会的各级官员行谢恩礼，然后向考官、监临等官赠送金花、杯盘、绸缎等物品，以作纪念。第三类，中举60年后的举人。他们与新科举人一起参加鹿鸣宴，称重宴鹿鸣或重赴鹿鸣。

清初，老年举人重赴鹿鸣是地方官员自行邀请的，并没有形成定制。康熙五十六年（1717），广东乡试放榜后举行鹿鸣宴，顺治十四年（1657）丁酉科举人、广东东莞人尹之逵应邀参加，主考官严思位见到这位八十高龄的老举人，非常兴奋，当场赠诗："六十年前攀桂客，天留硕果到今时。"重赴鹿鸣的老举人不仅需要年轻的时候就中举，而且必须高寿，确实非常不容易。

"鹿鸣兴宴"匾

乾隆三十九年（1774），直隶总督向朝廷上奏折，顺天府霸州人孟琇，乡试中举已经60年了，89岁的他现在致仕回原籍，请求允许他重赴鹿鸣，清廷批准了这一奏折。此后，中举60年的举人重赴鹿鸣成为惯例。

嘉庆十二年（1807），清廷不仅批准原宗人府府丞徐绩、鸿胪寺卿翁方纲重赴鹿鸣宴，而且还颁布上谕，赏给徐绩二品顶戴，赏给翁方纲三品顶戴。赏给重宴鹿鸣者官衔的做法在后世得到沿用。据统计，清代共计有150余人重赴鹿鸣。

098　哪些人有资格参加会试？会试在什么时候举行？

新科举人和历科举人都有资格参加乡试次年在京城贡院举行的会试。会试即会集至京城考试的意思。由皇帝任命的主考官负责命题、阅卷与录取。明清会试是由礼部主持的全国性考试，因此又称为"礼部试""礼闱"。会试的录取者称贡士，第一名称贡元、会元。所有贡士都有资格参加殿试。由于殿试没有淘汰，因此贡士也被称为进士。

明代会试时间为二月初九第一场，十二日为第二场，十五日为第三场，每场考试时间都是两天。清乾隆九年（1744），乾隆帝认为二月的"天气尚未和暖"，将会试日期改为三月，之后改在丑、辰、未、戌年的三月初九、十二、十五开始考试。因会试在春天举行，又称为"春闱""春试"等。

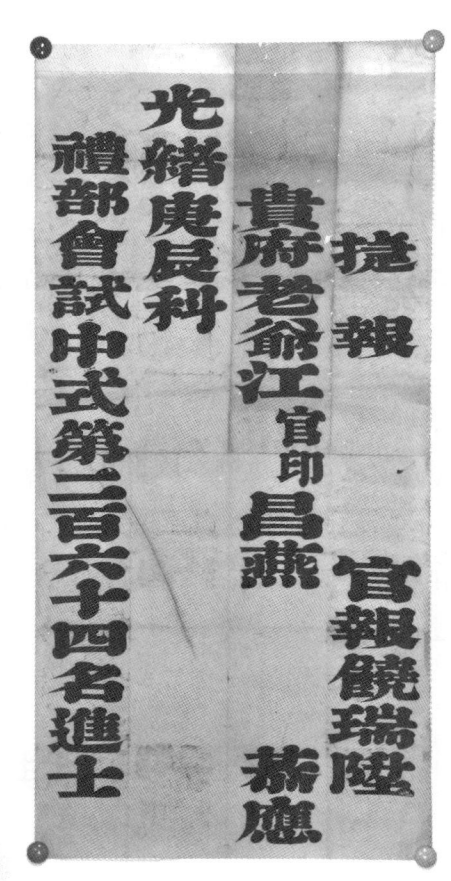

江昌燕会试捷报

099 为什么皇帝主持的考试称殿试呢？清代殿试是在紫禁城哪座大殿中举行？

殿试是科举中最高级别的考试，因在朝廷宫殿内举行，又称"廷试"。因由皇帝亲自主持，又称"御试""亲试"。清代殿试是在会试后举行，其具体时间随着会试的变化而调整。顺治元年（1644），清廷宣布于三年四月初一举行殿试。后改殿试时间为三月十五。直至乾隆十年（1745），殿试时间改为四月二十六日，传胪放榜则在五月初一。二十六年（1761），乾隆帝宣布四月二十一日殿试，二十五日传胪，此后这成为清代殿试的固定日期，除因特殊情况调整之外，殿试均在这一天进行。

清初殿试在天安门外举行。顺治十五年（1658），根据礼部的请求，殿试改在太和殿前丹墀进行。雍正元年（1723）癸卯恩科殿试于十月举行，天气非常寒冷，砚台结冰，考生书写非常困难，于是殿试移至太和殿两廊进行，这一做法沿用至乾隆五十二年（1787）丁未科殿试。乾隆五十四年（1789），殿试改在保和殿内进行，这成为后世所遵循的定制。仅有嘉庆十四年（1809）因保和殿维修，己巳恩科殿试又在太和殿两廊举行过一次。

100 殿试也是要求考生写八股文吗？

清代殿试考试内容沿用明制，要求考生写时务策一道，而不是写八股文。所谓时务，即当朝的时政，策是策问，因此时务策是以当朝时政为题来考查考生。考生根据问题，发表自己的看法，称为对策。清初规定，由内阁在殿试前先拟好几个策问题，然后由皇帝钦定。清初策题一般为二三百字，主要涉及治国之道、武备筹边、吏治政风、通商阜民、民生仓储等方面。如顺治三年（1646）丙戌科殿试，策题为"治天下""求贤才"两个方面，六年（1649）己丑科策题为"联满汉""养民力""化顽梗"三个方面。至康熙年间，策题越来越长，有时甚至长达五六百字，内容多涉及四个方面。如康熙九年（1670）庚戌科，题目内容为"安民""兴贤""吏治""治河"。

尽管最高统治者希望通过这些策题，既考查士子治国理政的能力，又成为朝廷获取民意的一条渠道，但总体而言，殿试考题基本无关国是。不仅如此，由于科举考试是关系士人前途命运的大事，大多数考生又没有政治历练，甚至生活阅历都相当欠缺，他们在对策中所发的政治议论大多只能是书生意气，少有成熟的政治见解。特别是部分考生还可能揣摩迎合考官的政见，乃至暗中关节，与考官勾结舞弊。因此，殿试不但很难考察贡士们的治国理政能力，也无法由此获得真正的民意。

101 殿试答题有哪些特别的要求呢？

殿试时，考生需要按格式撰写答卷。开头写"臣对臣闻"。结尾写"臣末学新进，罔识忌讳，干冒宸严，不胜战栗陨越之至。臣谨对"。之前，"末学新进"为"草茅新进"。嘉庆八年（1803），因确立宗室乡会试制度，不宜用"草茅"字样，特将"草茅新进"改为"末学新进"。"臣"字须靠右旁书写，每行行首缩进二字书写，以便为后面抬头字留下空间，禁止在殿试试卷上添加、涂改。

对策开头部分——策冒，或四行或八行，要切合策题本义立论，不得用套语。策尾文则八行左右。策冒文和策尾文都可以入场前预先拟好，带进考场抄写。第一条对策以"伏读制策有曰"开头，第二、三、四条对策则以"制策又以"起头。书写颂圣的"钦惟皇帝陛下""干冒宸严"时，"钦惟""干冒"须写该行的最末尾，"皇帝""宸严"须另起行双抬书写。每条对策结尾、策尾的颂圣文字，均需双抬一行。

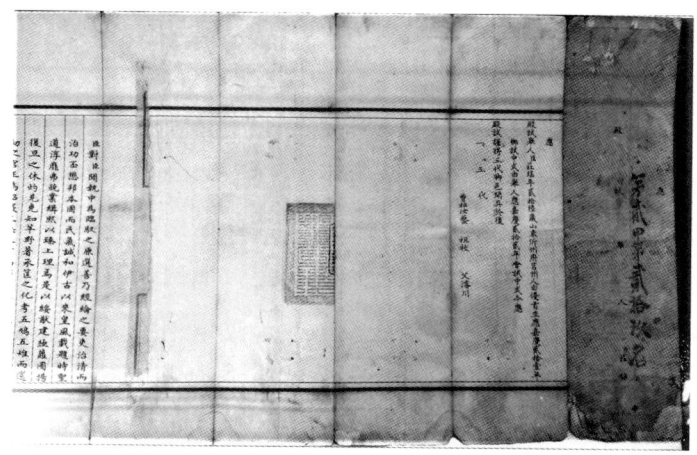

庄瑶殿试卷局部1

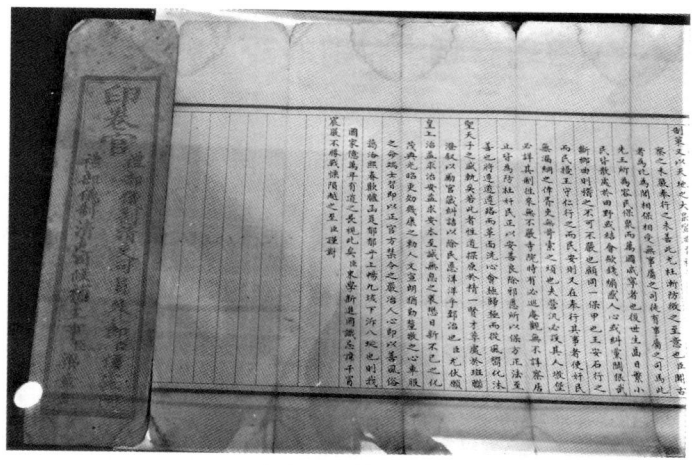

庄瑶殿试卷局部2

殿试对策全文不得少于 1000 字，否则以不合格处理。考生在撰写对策时，为获得好的名次，往往会尽量多写一些。傅增湘先生在《清代殿试考略》中说："其前幅策冒十四行，后幅空白十四行，原非古式，不必拘泥。然乾隆时多写八开另十行，嘉庆以后则写七开另四行，相沿至同光，几同定式。"如果按照每行写 24 个字，每开 12 行计算，对策一般为 2000 字左右。

102 殿试后评卷时，考官是用什么符号来计分呢？

皇帝是殿试的主考官，命题、阅卷名义都应该由他来完成，但实际上皇帝不可能亲自阅卷，还是需要由专门的官员来评阅，因此这些官员只能称为读卷。因读卷官多选一二品大员，故称读卷大臣。

读卷在殿试后的第二天进行。监试官和读卷大臣都在文华殿集合，在每位读卷大臣前摆放一张桌子。等读卷大臣坐好之后，收掌官当众拆封卷箱，将试卷平均分配给每位读卷大臣。读卷大臣须对每份试卷做出评判标识，以表示答卷的优劣，供皇帝

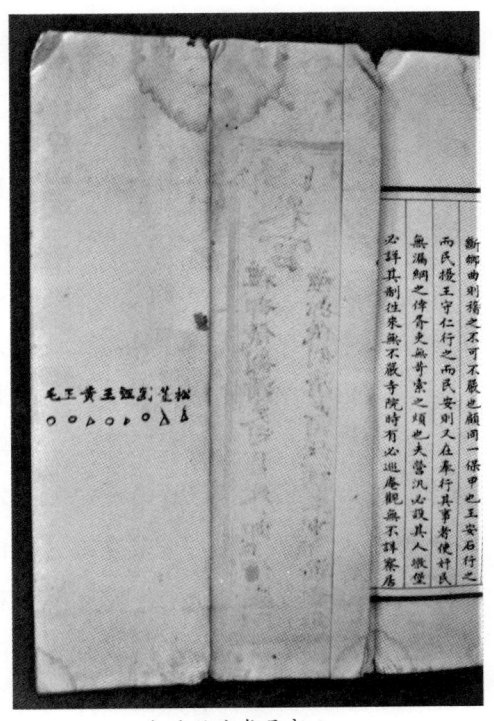

庄瑶殿试卷局部 3

裁决。顺治二年（1645）规定，各读卷大臣所审读的试卷，都贴上浮签，上面只写考生对策的名次，不需要写读卷大臣的姓名，读卷大臣只需要将拟录取的第一名的试卷密封进呈给皇帝，由他来钦定。改用八人读卷后，其浮签用一张纸，分作八行，写上各位读卷大臣的姓，各位读卷大臣审读之后，将评判等级标识用墨笔写在其姓之下，其标识为"○""△""、""｜""×"（即圈、尖、点、直、叉）五种。乾隆五十二年（1787），因为考虑到粘贴浮签容易发生错误，改为在卷后弥封之外列读卷大臣八人的姓，其下画出读卷大臣所评定的等级标识。嘉庆十九年（1814）进一步明确，读卷结果写在策尾空幅背面。

103 每一份殿试考卷真需要八位考官评阅吗？

清初读卷大臣的人数没有定额，每次殿试前由皇帝钦定。至乾隆二十五年（1760），将读卷大臣人数定为八名，同时规定了钦派读卷大臣的职衔，即大学士二名，部院大臣六名，此为定制，沿用至清末。

读卷大臣在评阅试卷时，在评阅完分配给自己的试卷之后，需再评阅其他人已经评阅完的试卷，各桌互相评阅，称之为"转桌"，这也就是说每份试卷有八名读卷大臣评阅。为防止考官根据自己的喜好确定试卷等级，或者徇私判卷，清廷规定如果发现同一份试卷的评判等级标识差异太大，就需要另派大臣来查阅这份试卷，以调查是否有读卷大臣故意提高或者降低分数。如果确实存在这种情况，相关的读卷大臣会受到处分。正因为这样，为了不自找麻烦，读卷大臣在评阅别人已经评阅完的试卷时，往往会先看前面已经评判的标识，只要没有明显的问题，他们会给一个与前者相同或者大致相当的标识。读卷大臣之间彼此心照不宣，出现了所谓的"圈不见点，尖不见直"的现象，这是殿试读卷时的"潜规则"。因此，尽管每份试卷经过了多位读卷大臣评阅，但起决定作用的是第一位读卷大臣的意见，因此，"转桌"实际上不能完全保证殿试读卷的质量。

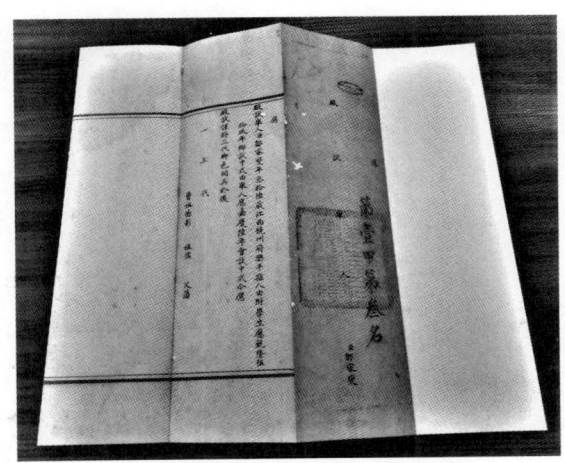
嘉庆六年探花邹家燮试卷局部1

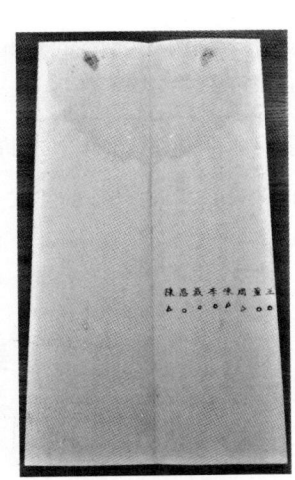
嘉庆六年探花邹家燮试卷局部2

104 书法水平真的是评阅殿试卷的主要标准吗？

按照清朝的规定，读卷大臣评阅考试对策时，要求内容必须"精详"，字体必须"庄雅"，前者是主要的，后者是次要的：即如果策论写得好，书法相对较差，也可以评为上等；如果策论文理不通，即使书法再好也不能评判为优等。然而，从清代中期开始，读卷大臣普遍注重书法，考试内容反而相对次要了。之所以出现这种情况，主要是因为对策并非和八股文一样是标准化的考试文体，其等级的高低难有客观的标准，书法的优劣反而是一个比较容易评判的标准。尽管历代皇帝多次强调改变殿试阅卷重书法的局面，但这种风气基本没有改变，至清代晚期几乎成为定制。

清代不少人因为书法不佳，在殿试中只能获得较低的名次，让他们遗憾终生。著名诗人龚自珍于道光九年（1829）参加殿试，用流畅的文笔写了一篇切中时弊的策论，读卷大臣无不叹服。但龚自珍不大善于写小楷，最后只能列在三甲第19名，在所有221名进士中名列第118名，只得了个同进士出身。也许是自己的这种科举经历，让他对科举制度有更深刻的认识，因此他发出了"我劝天公重抖擞，不拘一格降人才"的呐喊。

105 孙曰恭、吴情是因为姓名到手的状元让皇帝给撸掉了吗？

在一般人看来，皇帝不但是殿试的主考官，而且他金口玉言，完全可以根据自己的喜好确定进士的排名，甚至完全可以由自己的意愿钦定状元。关于皇帝根据考生姓名钦定状元，笔记资料中有不少相关的记载。

据明人王世贞《凤洲杂编》记：永乐二十二年（1424）殿试后，明成祖原本准备录取孙曰恭为状元，但仔细一看，总觉得这个名字有些别扭。原来古代是竖行书写，"孙曰恭"的"曰恭"二字竖行书写，很像"暴"字。他觉得如果将孙曰恭录取为状元的话，好像说明自己是崇尚暴力的。而在拟录取的名单中，正好有一个"邢宽"，在他看来"邢宽"正好寓意"刑宽"，以此来表明自己是轻刑薄赋、仁德四海的圣主明君。于是，明成祖毫不犹豫地将邢宽定为状元，孙曰恭取为探花。

其实，明成祖之所以会对"暴"字那么敏感，很可能与他夺取帝位有关。他是明太祖朱元璋的第四个儿子,被封为燕王,多次受命参与北方军事活动,两次率师北征。朱元璋晚年,太子朱标、秦王朱樉、晋王朱㭎先后死去,燕王朱棣无论在军事实力上,还是在家族的尊序上都成为地位最高的王。朱元璋死后,朱标的长子朱允炆即位为建文帝。为稳固其统治,建文帝下令削藩,由此引发诸王的强烈不满,身为皇叔的朱棣趁机发动战争,最终攻入南京,夺取了皇位。这样一位以暴力方式从自己的侄儿那里夺取帝位的皇帝,对"暴"字比较忌讳,而喜欢"刑宽"就不难理解了。

明朝不止这一记载,《罪惟录》记载了另一起根据名字钦定状元的事。明嘉靖二十三年(1544),秦鸣雷、瞿果成、吴情等300名贡士顺利通过殿试,成为新科进士。负责具体阅卷的官员将拟定的名单进呈以后,嘉靖皇帝看到名单上第一个名字是"吴情",而在北方方言中"吴情"与"无情"的发音完全相同。他说:"如果朕将吴情确定为第一名,那岂不是让天下人说朕也是无情第一吗?"他又看到名单上还有一个"秦鸣雷"的名字,联想到自己昨天晚上做梦,梦见巨雷轰响,于是,嘉靖皇帝认为这是上天的旨意,将秦鸣雷钦点为状元,吴情则因为自己的名字而被降为第三名探花。

106 胡长龄、王寿彭是因为姓名寓意长寿被取为状元的吗?

与明代一样,清代文献中也有皇帝因为考生姓名而将他们钦定为状元的记载。据《清稗类钞》记:乾隆五十四年(1789)殿试,读卷官向皇帝进呈前十名考生的考卷,来自江苏的胡长龄被排在第十名。乾隆皇帝将这些考卷浏览一遍以后,胡长龄的名字让他眼前一亮——此时乾隆皇帝已经快八十岁了,他很希望自己能长命百岁。在中原地区,满族被看作胡人,他觉得胡长龄这个名字真吉利,预示着自己能长寿。于是,他笑着说:"胡人乃长龄耶!"于是,将胡长龄钦定为状元。

与胡长龄一样,王寿彭被取为状元也是因为名字寓意长寿。王寿彭家境贫穷,常常在豆油灯下苦读,光绪二十七年(1901)中举人,两年之后光绪二十九年癸卯补行壬寅恩正并科会试、殿试。由于这一年十月初十是慈禧太后的生日,即所谓的"万寿节",因此这一科被称为"万寿科"。为了能让慈禧太后高兴,读卷官特地选了王寿彭作为状元人选。之所以这么选,是因为读卷官认为"王"是帝王的意思,"寿"就是长寿,"彭"是指彭祖。彭祖是传说中的老寿星,活了800岁。因此"王寿彭"这三个字连起来的寓意是帝王能像彭祖一样长寿,这是非常吉利的,正好能应慈禧太后万寿节之景。在慈禧太后确定最后名次时,王寿彭果然被定为状元。

虽然这些记载都是以真实的人物为主角展开的,但都只是传言或故事,不是历史的真实。清初,读卷大臣拟定前十名的试卷之后,往往由读卷大臣会同监试官拆开弥封,然后进呈给皇帝。这也就是说,皇帝确实可以看到前十名试卷上的考生姓名。乾隆二十八年(1763)规定,读卷大臣进呈前十名试卷,不必拆开弥封,待皇帝确定名次之后再拆弥封。因此,从这一年开始,皇帝只能根据对策优劣来确定前十名考生的最终名次,不可能根据考生姓名来确定。

之所以会出现那么多传说,主要是因为状元实在太引人注目了,每次放榜后都会有人去琢磨新科进士为何能金榜题名,尤其是三鼎甲更是关注的重中之重。人们往往会发现新科状元的姓名可能有利于他们能独占鳌头。不仅如此,当人们将状元与当时社会,或者朝廷发生的大事联系起来时,自然会产生联想,附会出一些故事来。由于大多数人对殿试的程序并不熟知,只知道皇帝是金口玉言,就以为皇帝可以完全根据主观意志来确定状元和新科进士的名次。因此，有关皇帝或慈禧太后根据考生姓名确定状元的传闻很容易被人们视为历史真实。王寿彭对自己因为姓名而中状元的传闻是完全否认的，他说："有人说我是偶然，我说偶然亦甚难。世上纵有偶然事，岂能偶然再偶然。"

107 刘春霖真是因为姓名吉利被慈禧太后定为末科状元的吗？

光绪三十年（1904），清朝举行中国历史上最后一次殿试，当读卷官将拟定的前十名考卷呈送给慈禧太后，她的脸色立即变得阴沉。因为，他们拟定的状元朱汝珍的名字中有个"珍"字，她立即就联想到之前被自

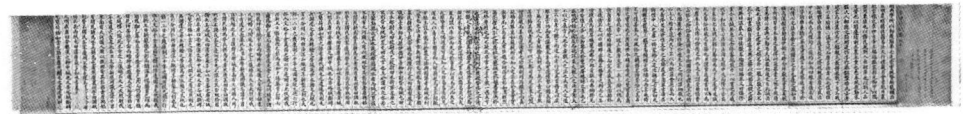

朱汝珍殿试策练习卷

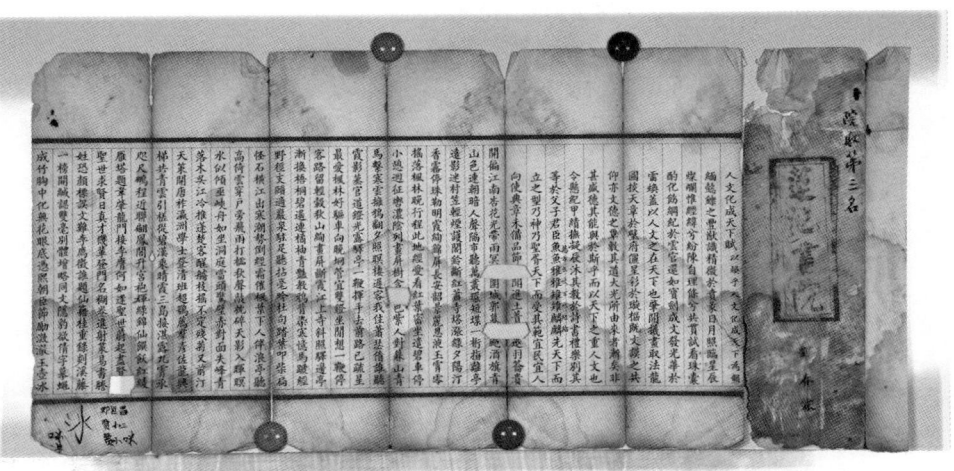

刘春霖书院课卷

己害死的珍妃。八国联军攻入北京，慈禧太后在逃跑前，下令将光绪皇帝最宠幸的珍妃推入井中淹死了。她继续往下看，看到朱汝珍是来自广东的考生。广东人也让她十分伤心，太平天国是广东人洪秀全等人带头"造反"，让清廷元气大伤，自己也为太平天国的事没少操心；戊戌维新运动，又是广东人康有为、梁启超蛊惑光绪皇帝，最后自己不得不再次"亲政"，并背上了顽固派的骂名。眼下领导闹革命的孙中山也是广东人。她心里想："这么多的烦心事都是广东人给我带来的，这些广东人真让我高兴不起来，我再也不能让广东人中状元了。"于是，她继续看这份录取名单，发现第二名刘春霖的名字很吉利。当时正遭遇大旱，很需要有一场大雨来缓解旱情，而"刘春霖"正好寓意"春风化雨，普降甘霖"，如果选刘春霖为状元，也能表达她关心百姓疾苦。不仅如此，让慈禧太后动心的另一个原因是刘春霖的籍贯，他是直隶肃宁人，"肃宁"寓意可以让清末混乱的局面迅速结束，实现社会的安宁、稳定。于是，慈禧太后毫不犹豫地将刘春霖定为状元，他也成为"第一人中最后人"，即中国科举史上最后一位状元。朱汝珍则被改为榜眼。

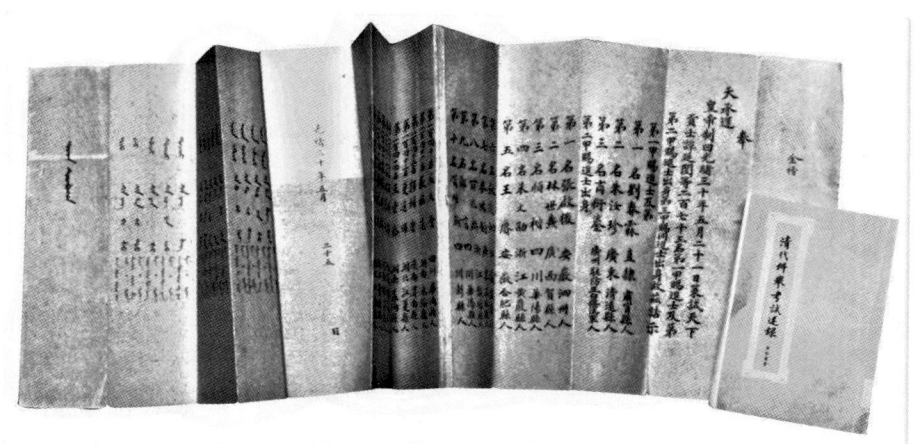

光绪三十年小金榜

事实上，由于殿试卷需要弥封，慈禧太后不可能看到考生的个人信息，只能依据殿试对策来确定名次。不仅如此，殿试定名次重书法，刘春霖所写的"馆阁体"小楷已达到炉火纯青的地步，当时社会上有"大楷学颜真卿，小楷学刘春霖"的说法。在考中状元之前，光绪帝的老师翁同龢见了他的书法，都是赞叹不已，并预言他能考中状元。可见，无论是从殿试制度，还是刘春霖本身的水平而言，姓名和籍贯不是他能中状元的主要因素，所谓慈禧太后根据刘春霖的姓名和籍贯确定他为状元只是一个虚构的故事而已。

108 乾隆皇帝为什么破例亲自将这两个人的殿试名次对调呢？

清乾隆二十五年（1760），礼部规定，殿试钦定名次前先拆开弥封。次年，辛巳恩科殿试即采用这一做法。乾隆皇帝在评阅读卷大臣进呈的10份试卷时，发现来自江苏的赵翼被读卷大臣拟为第一名，来自浙江的胡高望为第二名，来自陕西的王杰为第三名。乾隆帝当即问读卷大臣："本朝陕西是否出过状元呢？"读卷大臣回答没有。于是，他将赵翼与王杰的名次互换，将王杰定为状元，赵翼为探花。在传胪大典时，三鼎甲出列，行跪谢大礼的时候，坐在龙椅上的皇帝隐隐约约地看见赵翼身上带了一串珠子，与其他两个人都不同，便问军机大臣傅恒其中的原因，傅恒说："这是赵翼用遗珠来表示不满，他对自己只得了个第三名探花有怨言。"乾隆帝向大臣们解释了不取赵翼为状元的原因："赵翼文章确实不错，但江苏、浙江的状元已经很多了，状元不算是稀罕之物。陕西就不同了，本朝陕西还没有状元，我现在给陕西一个状元，也不算过分。"这让人们觉得赵翼真是有才，连皇帝都要向他解释没有取他为状元的原因，他因此声名大振。乾隆二十八年（1763），清廷又决定殿试卷仍然弥封,不再拆开。因此,乾隆二十六年殿试拆开弥封确定状元归属是一次特例。

109 什么是大金榜和小金榜呢?

清代公布殿试录取名单的榜单用表里二层的黄纸书写,称之为"黄榜""金榜"。金榜有大金榜和小金榜两种,大金榜是传胪大典的当天,张挂在东长安门前的告示,上面钤盖"皇帝之宝"玉玺。小金榜是由内阁中书填写后,交给奏事处进呈给皇帝御览的名单。皇帝御览之后,小金榜交由大内保存。传胪大典唱名结束之后,大金榜在东长安门张挂,状元带领新科进士们观榜。观榜后,顺天府准备伞盖仪从,导引一甲进士三人入顺天府参加宴会,之后送他们回到各自的寓所,称之为"归第"。大金榜张挂三天后,取下交内阁保管。

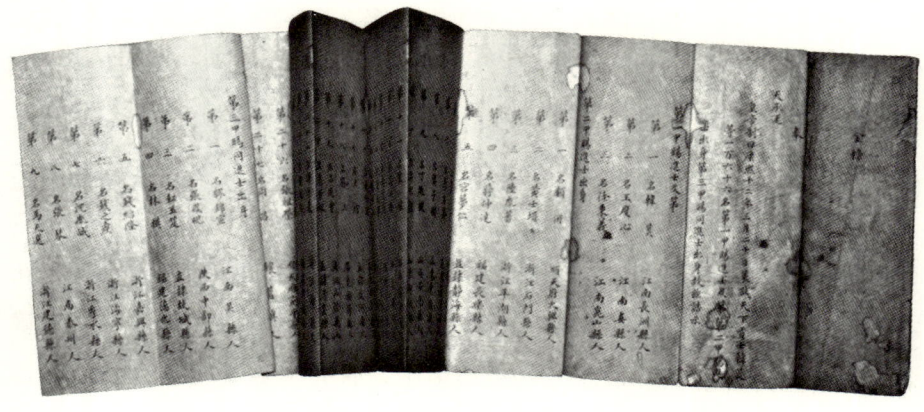

康熙十二年小金榜

110 清代放榜之后,新科进士还要参加哪些活动呢?

宴请新科进士的宴会在唐代称曲江会,宋初称闻喜宴。因北宋太平兴国八年(983)在琼林苑举行闻喜宴,故又称琼林宴。清代新科进士及第之后,首先要参加在礼部举行的恩荣宴,清初规定恩荣宴在传胪大典的三天后举行,乾隆二十六年(1761)将恩荣宴的日期固定为传胪大典的次日,也就是四月二十六日。恩荣宴由礼部承办,工部、光禄寺、鸿胪寺等协助办理。

"状元及第"匾

恩荣宴之后,新科进士们要在状元的带领下上表谢恩。谢恩表的格式是历科传下来的。相传清朝的谢恩表文是顺治六年(1649)己丑科状元刘子壮所撰，其基本格式是开头写"赐进士及第第一甲第一名臣某等，诚惶诚恐，稽首顿首上言"，结尾写"臣等无任瞻天仰圣，激切屏营之至，谨奉表称谢以闻。某年月日，赐进士及第第一甲第一名臣某等谨上表"，这一格式为后世沿用。每次上表之前，三鼎甲都会前往前一科状元处请教谢表的写法，并赠送给他五十两银子表示感谢。

之后，状元率诸进士择日前往孔庙，换上清代官员的补服，行释菜礼。国子监会为他们准备好花红、香烛、酒果等，举行祭孔仪式。

肆

弊端与停废

二十年余别帝乡，夜来忽梦下科场。鸡虫得失心尤悸，笔砚飘零业已荒。

111 唐代大诗人温庭筠确实当过代考的枪手吗？

代考是科举时代常见的舞弊手段。唐代"花间词派"的代表人物温庭筠也曾经充当过枪手。有史料记载了他在宣宗大中十二年（858）充当枪手的事：这次考试中，温庭筠被安排坐在离监考官员视线最近的位置，他的一举一动都被监考者所掌握。面对监考官的如此"关照"，温庭筠没有表现出任何反感或者意外，只是埋头作答，并且很早就交卷离场了。看到温庭筠如此乖乖地应考，监考官员都暗自得意，他们认为："这次我们终于把这个老'枪手'给制伏了。"然而，令他们没有想到的是，温庭筠居然在他们的眼皮底下，巧妙地为8个考生写了文章，他瞒天过海的代考技巧真的有点像玩魔术。事情败露之后，考官们大为恼火，让温庭筠落第的同时，又报告朝廷将温庭筠赶出了京城。由于唐代科举的制度还很不完善，对于科举代考的处罚规定也不是很明确。

112 大文豪苏轼想徇私录取"苏门六君子"之一的李廌为何以失败告终？

李廌是苏门六君子（秦观、黄庭坚、晁补之、张耒、陈师道、李廌）之一，苏轼非常赏识他的才华，希望他能考中进士。元祐三年（1088）终于得到一个好机会，苏轼被任命为这一年省试主考官，他就想利用自己的特权，帮助李廌通过这次考试。

在考试之前，苏轼特地写了一篇标题为《刘向优于杨雄论》的文章送给李廌，目的是让李廌模仿自己的文章，以便在阅卷的时候可以找到他的试卷，然后给他打人情分。可是，让苏轼万万没有想到的是，当他托李廌的朋友将文章送往李家时，李廌恰好有事外出了。接到这份书信的李家仆人就将其随便放在桌子上。

送信的人刚走，章惇的两个儿子——章持、章援来李家拜访，看见放在桌上的苏大学士的文章，喜出望外，立即拿回去了，在家认真揣摩，模拟苏轼的文笔各自写好文章。李廌回家之后，不见苏轼的文章，心中怅惋不已。

在考场上，试题发下来之后，题目果然与苏轼提供给李廌的文章十分类似，兴奋不已的章持、章援模仿苏轼的文章，把在考场外写好的文章默写上去，很快就交卷出场。而李廌则因心情非常烦闷，连正常的水平都没有发挥出来，文章写得很不好。阅卷时，苏轼发现一份答卷与自己送给李廌的文章极为类似，就认为这一定是李廌的，非常兴奋，批写了几十个字的赞扬性评语，并得意地对同考官黄庭坚说："是必吾李廌也"，将这份试卷排在第一名。他继续阅卷，不久又发现一份相似的试卷，他还在纳闷，难道前面那一份试卷不是李廌的吗？他不能确定，也不能否定，认为还有可能是李廌的，就给这份试卷定在第十名。考试结束之后，等到拆开弥封条后，苏轼才发现第一名是章援，文笔与章援相似的章持排在第十位，而李廌则名落孙山。

等到放榜，李廌年已70岁的乳母大哭道："我的儿子遇到苏东坡担任主考官都没有能考中，今后还有何希望？"于是闭门不出，到晚上人们破门入内，发现她已自缢而亡。后来李廌再也没有参加科举考试。苏轼认为自己不但没有帮上李廌，还让他的乳母自缢身亡，他也感到十分懊丧。

113 敢公开辱骂主考官的考生竟然能高中状元？

据沈括的《梦溪笔谈》卷九记载，有个国子监生郑獬在选拔省试考生的考试中，成绩排在第五名，他获得了参加省试的资格。但是颇为自负的郑獬十分不满意自己的这个名次，认为自己的水平应该名列第一，这是国子监祭酒（校长）在有意为难自己。

依照惯例，凡是被录取的考生都要向国子监祭酒写信表示感谢，感谢给自己参加省试的资格，这种感谢信一般都应该用华丽的辞藻来恭维、赞美祭酒。与其他被录取的人一样，郑獬也写了一封感谢信，让人没有想到的是，他在信中不但没有表示感谢，他还质问祭酒："李广事业，自谓无双；杜牧文章，止得第五？"这句话的意思是说："我有李广之才，建功立业将能举世无双；我有杜牧的文学天赋，下笔惊天下，但您只让我得了第五名，这是为什么呢？"他又说："骐骥已老，甘驽马以先之；巨鳌不灵，因顽石在上。"他把国子监祭酒比作劣等的老马、病马、挡路的大石头，而将自己比作千里马、巨鳌。原本兴致勃勃的国子监祭酒看完这封信之后，暴跳如雷，怀恨在心，想着有机会的话一定要好好惩罚一下这个不知天高地厚的弟子。

时机很快就来了，北宋皇祐五年（1053），郑獬通过省试后参加殿试，负责读卷的考官恰恰又是那位国子监祭酒。而此时殿试还是可以淘汰考生的，当他知道郑獬要参加这次考试，内心一阵狂喜，暗自发誓："这次要让狂妄的郑獬尝尝苦头，一定要让他名落孙山。"由于试卷经过密封誊录处理，国子监祭酒只能通过行文风格来查找郑獬的试卷。通过艰苦的寻找，他终于找到了一份文笔极像郑獬的卷子，毫不犹豫地将这份试卷淘汰掉。但是阅卷完毕拆封以后，他发现被淘汰的试卷根本不是郑獬的，郑獬偏偏高中状元。

114 大诗人陆游参加科举的时候为什么会被秦桧暗算呢？

南宋绍兴二十三年（1153），陆游参加科举考试，同场竞争的还有宰相秦桧的孙子秦埙。秦桧挑选吏部侍郎陈之茂担任主考官，希望陈之茂能将秦埙录取为第一名。考试结束之后，陈之茂发现陆游和秦埙答卷的水平完全不在同一个档次上，陆游的文章文笔流畅、立论有据、见解独特，而秦埙的文章则是七拼八凑、空洞无物、毫无见地。陈之茂瞻前顾后，左思右想，下决心将陆游定为第一名，秦埙为第二名，秦桧让秦埙取为第一名的梦想落空了。尽管陆游和秦埙都获得了参加省试的资格，但陆游也因此成了秦桧的眼中钉。为保证秦埙在接下来的省试中能名列第一，秦桧派人专门去搜集陆游的资料，他们很快找到了陆游"喜论恢复"的证据，也就是说秦桧发现陆游喜欢发表坚决抗金的言论。到省试时，陆游原本被录取为第一名，但是秦桧以他喜欢发表抗金的言论为理由，将他淘汰。这样，陆游原本唾手可得的进士被秦桧拿掉了。直到10年之后，宋孝宗隆兴元年（1163），因为陆游编纂《高宗圣政》一书时，工作十分勤奋，非常出色，孝宗皇帝对他的评价是"游力学有闻，言论剀切"（《宋会要辑稿·选举》），也就是说孝宗认为陆游学问很不错，发表的言论也切合实际，是一个了不起的人才，因此，赐陆游进士出身。对陆游来说，他的这个进士的头衔整整迟到了10年。

115 "江南第一才子"唐伯虎是因为舞弊没有考上进士吗？

唐伯虎才华横溢，有"江南第一才子"的美誉。16 岁，唐伯虎以苏州府第一名的成绩考取秀才。13 年之后，他参加江南乡试，被取为第一名解元。明孝宗弘治十二年（1499），唐伯虎到北京参加会试，准备考取进士。

到达京城以后，唐伯虎和同去参加会试的江阴富豪徐经共同去拜见了在北京做官的程敏政，并且送给程敏政一块金子作为见面礼。在谈话的时候，作为前辈的程敏政毫无保留地谈了自己对这次会试的看法，重点讲这次会试可能命题的知识点，或者说预测了这次会试的考题。唐伯虎、徐经如获至宝，把这些考题一字不漏地记下来。回到住所以后，他们围绕程敏政预测的题目，通过精心构思，反复修改，终于写出了他们自己很满意的文章。他们这样做的目的当然是希望程敏政的预测是准确的，那么他们写好的这些文章可以直接在考试的时候派上用场，也就是到考试时只要把这些文章默写到答卷上就可以了。由于此时程敏政还没有被任命为主考官，他帮唐伯虎猜题，这既合情又合法，再正常不过了。

后来，程敏政被任命为副主考官，他在会试命题的时候，还真就按之前跟唐伯虎他们谈话的思路来命题，其中就有他给唐伯虎、徐经的题目。看到这些熟悉的考题，唐伯虎、徐经是高兴万分，把之前写好的文章全部写到答卷上，然后就高高兴兴地交卷出场了。这也就是说，程敏政确实泄题了。事发之后，朝廷给程敏政和唐伯虎、徐经的处分是："命敏政致仕，昶调南京太仆寺主簿；经、寅赎罪毕，送礼部奏处，皆黜充吏役。"(《明孝宗实录》卷一五一)这也就是说，下令程敏政提前退休，举报唐伯虎买考题的华昶调往南京任官，徐经和唐伯虎革掉举人，被罚去充当被视为贱人的衙役，永远再无资格参加科举考试。一起科场案，让唐伯虎读书应试、博取科举功名的梦想彻底破灭。这起科场案成为他人生的噩梦，直到临死前，他还说："二十年余别帝乡，夜来忽梦下科场。"

116 清朝代考有什么新花样？

清朝代考现象比较严重是不争的事实，甚至出现了以帮人考试为职业的枪手，他们代替不法考生参加县试、府试、院试，一般都能顺利通过，这种代考方式当时人称为"一条葱"，也称为"一条鞭"。

应试袖珍书

随着点名识认、搜检越来越严格，枪手混进考场的难度也越来大。因此就出现了代考的另一种方式,就是考生和代考者都以合法的手续进入贡院,进入贡院之后,交换印有座位号的答题纸,然后串通考场工作人员,各自根据答题纸上的座位号进入号舍。答题时,代考者写考生的姓名,考生写代考者的姓名。这种代考方式有个专有名词,叫"龙门掉卷"。当然,这种代考的形式必须有贡院工作人员的配合,否则考生很难进入号舍,即使进入号舍也很难逃过查号这一关。

117 乾隆皇帝真的规定考生入场时要搜检到他们的内衣内裤吗?

为使"真才"脱颖而出,乾隆皇帝认为只有"立法严查"才能根除夹带舞弊,于是在乾隆九年(1744)制定了史上最严厉的入场搜检制度。其严厉主要表现在以下三个方面:

首先,对于考生穿着的衣物有严格的规定:不论是帽子,还是衫、袍、褂,都必须是单层的;皮衣去面子,毡衣去掉里子;裤子不论绸、布、皮、毡都只许是单层的;袜子用单层的,鞋用薄底。

夹带坎肩

夹带坎肩局部

其次,对于考试用品也有明确的规定:坐垫用单层毡片;考生用来装答题纸的卷袋也不能有里子；砚台不能太厚，毛笔的笔管必须空心；装水的容器用陶瓷，用于烤火的木炭只准两寸长；烛台要求用锡做的，并且只能是单盘的，烛台的柱子必须空心通底；糕点等食物都要切开；字圈、风炉、茶铫等考试必需的用品，也要经过严格检查，才准带入贡院；装这些用品的篮子，要编成玲珑格眼，底面如一，以便搜检。

最后，对搜检的程度也进行规定，即要求考生解开包括内衣内裤的所有衣服，脱下鞋袜，以防止考生夹带。

118 科举时代真有人用鸽子充当传递舞弊的工具吗？

传递是科举考试中常见的舞弊手段。传递是指在考场内外私下传递与考试有关的文字资料。有的不法考生为舞弊，甚至用鸽子充当传递工具，具体做法是：考试前，考生想办法把鸽子带进考场；考题发下来之后，考生就把考题绑在鸽子的腿上，让它从考场中飞出去，飞到指定的地点，将题目传出去。鸽子不仅可以充当传递工具，还能作为传递信号的工具。在考试之前的一段时间，有人专门训练鸽子在贡院上空飞，在它们腿上绑好铃铛，它们飞的时候就可以发出清脆的铃声。考试前，考场内外串通作弊的人，事先约定某种铃声作为暗号。开考后，考场内的人员听到鸽子飞翔时发出的某种铃声，就可以到事先约定位置去等待，外面的枪手会把答案绑在石头上扔进来，实现场内外的传递。因此，用鸽子传递应该是当时最"先进"、最隐蔽的舞弊工具了，与现在的无线电传递非常类似。

119 科举舞弊中的"通关节"是怎么操作的呢？

古代科举用糊名誊录等措施来处理试卷，虽然能有效地防止舞弊，但它还是不可能杜绝通过给考生打人情分来舞弊的行为，比如通关节舞弊就是糊名誊录制度难以防范的。通关节又称关节，俗称买字眼、用襻。通关节的具体做法是，考生送钱给考官或者其他考务人员，由他们私下通知考生在试卷的某个地方使用几个特殊的字，以便他们在阅卷或试卷处理时能"破格"或者"特殊"关照。然而，要完成通关节，涉及的人比较多，环节也比较多，必须环环相扣，任何一个环节被击破，考官与考生费尽心机的通关节就会以失败告终。

清道光二十四年(1844)探花冯培元，年幼时家境贫寒，得到一位富商资助完成了学业，他是一个知恩图报的人，总是想着怎么去报答曾经资助过自己的富商。那个富商希望冯培元能帮助自己的儿子考中举人。过了几年，冯培元终于等到了自己的一位好朋友被钦点为浙江乡试主考官的机会，他急忙找到这位主考官，约定了通关节的字眼，然后立即告诉了那位富商。得到了这个信息之后，富商欣喜若狂，认为自己的那个宝贝儿子中举的机会终于来了。他们立即高薪请了一个有较高水平的誊录书手，让他好好地为自己的儿子誊录试卷。考试结束后，这个誊录书手又来到富商家里。富商热情款待他，酒过三巡之后，这位誊录书手开始得意洋洋地向在座的人说："这次誊录令公子的考卷时，我发现有两个字放在文章中，怎么读也不通，我就帮忙给改掉了，使文章通顺多了。"听到这里，富商气得脸都涨红了，勃然大怒地说："谁叫你改的？这两个字是通关节的字眼啊！改掉了这两个字，主考官怎么能找到我儿子的试卷呢?"真是弄巧成拙,原来富商事先没有向誊录书手说明自己与主考官通关节的事,而这位誊录书手又想帮忙,结果使得通关节没有成功,富商的如意算盘自然就落空了。试想,如果这个誊录书手严格按照程序操作,富商的儿子就有可能因为通关节考中举人。

120 清代对哪种舞弊者会毫不留情地处以斩立决呢?

清代科举的每个环节都有严格的规定,并且制定了相应的处罚措施,其中处罚最严厉的就是考生与考官通关节舞弊。《钦定科场条例》卷三十三规定:"科场为抡才大典,考试官及应试举子有交通嘱托贿买关节等弊,问实斩决。"这句话的意思是说,科举考试是为国家选才的最重要制度,如果考官与考生通关节舞弊,一旦查出案情属实,那么考官和考生都要被处以斩立决。

顺治十四年(1657)丁酉科顺天乡试,大理寺左评事李振邺、大理寺右评事张我朴等14人被任命为具体阅卷的同考官。李振邺等人虽为进士出身,但年轻狂妄,每次有人来找通关节舞弊,他都是满口答应。李振邺将考生家长的爵位和钱财作为录取标准,由他帮忙录取的考生多是高官子弟,或是家财万贯的富豪弟子。发

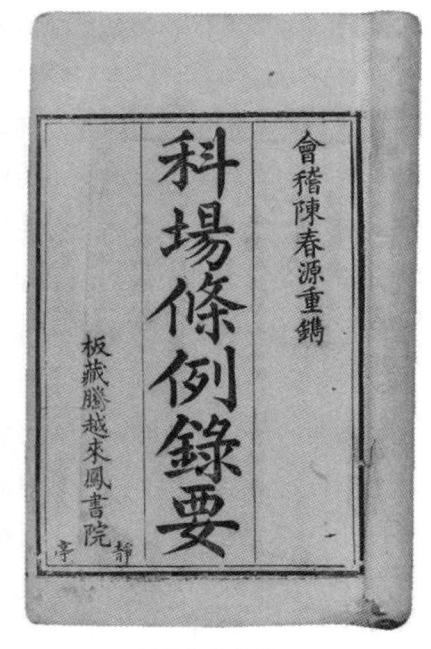

科场条例录要

榜以后，京官三品以上子弟都榜上有名，京城舆论一片哗然。而李振邺这位年轻、狂妄的考官并没有因自己徇私舞弊选择沉默，他反而四处炫耀，明目张胆地对别人说，某某，他能考中举人完全是我的帮助；某某的文章本来是不通的，他跟我关系很好，我就让他中了副榜；某某，我虽然极力推荐，但另外的考官不同意，这个考官的资格比我老，实在是没有办法。与他通关节的考生多达 25 名。事发之后，顺治皇帝下令抓捕所有涉案人员。案件审理结束之后，顺治帝大开杀戒，李振邺、张我朴、蔡元禧、陆贻吉、项绍芳、田耜、邬作霖 7 人被斩首，他们的父母、兄弟、妻子、儿女等共有 108 人被流放尚阳堡，家产入官。这是清朝开国以来处理的第一起科场大案。

121 顺治皇帝会因为一起舞弊案处死一省乡试的全部 20 名考官吗？

顺治十四年（1657）丁酉科江南乡试放榜后，社会舆论极为不满，清廷决定彻查江南乡试。顺治皇帝下令先将正副主考官方猷、钱开宗和全部 18 名同考官革职查办。之后，顺治皇帝在太和殿前丹墀亲自覆试江南举人，每名举人左右两边各站一名持刀护军，很多考生都被吓得浑身发抖，几乎不能执笔。考生吴兆骞就因为害怕，没有作答，最终交了白卷。顺治十五年三月二十一日公布覆试结果，吴珂鸣成绩优秀，三场答卷文理独优，准许与会试中式举人一体殿试。汪溥勋等 74 名考生，仍然保留举人资格，林大节、杨廷章等 14 名考生文理不通，革去举人。顺治十五年十一月二十八日，朝廷宣布了此次舞弊案的终审判决：正副主考官方猷、钱开宗立即正法，妻子家产籍没入官。同考官叶楚槐、周霖、张晋、刘廷桂、田俊民、郝惟训、商显仁、李祥光、银文灿、雷震声、李上林、朱建寅、王熙如、李大升、朱菡、王国祯、龚勋处以绞立决，妻子家产籍没入官。同考官卢铸鼎虽然已经死在狱中，但他的妻子家产亦籍没入官。举子方章钺、张明荐、伍成礼、姚其章、吴兰友、庄允堡、吴兆骞、钱威打四十板，家产籍没入官，父母、兄弟、妻子流放宁古塔。考生吴兆骞因交白卷，也被处以流放。

顺治皇帝对这次舞弊案的处理完全可以用严酷来形容，正副主考官和18名同考官，共计20人全部被处死，真是"血肉狼藉，长流万里"。但清廷并没有公布案件的受贿作弊证据，这起案件是清代科场的一大疑案。

122 中国历史上因为科举舞弊被处斩立决的级别最高的官员是谁？

清咸丰八年（1858）戊午科顺天乡试，军机大臣、协办大学士、户部尚书柏葰为正主考官，兵部尚书朱凤标、都察院左副都御史程庭桂为副主考官。放榜之后，满洲考生平龄名列第七名。很多人说平龄是戏子，有"优伶亦得中高魁矣"（薛福成：《庸盦笔记》卷三《戊午科场之案》）的议论。咸丰皇帝下诏由怡亲王载垣、郑亲王端华、吏部尚书全庆、兵部尚书陈孚恩组成专案组认真查办。他们调阅平龄的试卷，发现其中的问题很多，不仅草稿不全，而且墨卷的错别字连篇。接着，调查人员又查阅了其他试卷，发现其中还有50余份试卷有问题。面对这一调查结果，十月二十六日，咸丰帝颁布上谕，决定先将负主要责任的主考官柏葰革职，副主考官朱凤标、程庭桂停职，等待进一步的调查结果。

随着调查的深入，调查组发现主考官柏葰接受同考官浦安的嘱托，将第十房刘成忠的试卷拿掉，转而录取了跟浦安通关节的罗鸿绎为举人。考试结束之后,浦安去拜见柏葰,送贽敬银十六两,门包八两。罗鸿绎拜见房师浦安,送贽敬银十两,门包三两;拜望主考官柏葰,送贽敬银十二两,门包六两。案发后,所有涉案的考官、士子都被收押。钦派办案大臣载垣等上奏,柏葰听受嘱托,违规录取罗鸿绎,实属咎由自取,请按照交通嘱托贿买关节的罪行判处柏葰斩立决。咸丰九年(1859)二月十三日,皇帝在勤政殿召见朝中重臣,宣布了对柏葰案的处理结果:柏葰、浦安、李鹤龄、罗鸿绎4人处以斩立决。柏葰成为清朝唯一因科场案被处斩的一品大员,他也是中国科举史上死于科场案的级别最高的官员。

123 著名的状元实业家张謇曾经也是"高考移民"吗?

清光绪二十年(1894)状元张謇是我国近代著名实业家、教育家、博物馆事业的开创者,是有名的实业状元。毛泽东同志对他有非常高的评价,他说:"轻工业不能忘记海门的张謇。"

张謇的出生地点是江苏省海门县常乐镇,因此他的户籍也在江苏海门常乐。按照清代的规定,"考试童生,地方官必须查明实系土著之人,取具廪生保结及五童互结,方准收考。"(《钦定学政全书》卷四十二《清厘籍贯》)这也就是说,科举报考跟现在高考一样,考生必须在户籍所在地报考,不能跨地区报考。按照这一规定,张謇应该在海门报考。然而,由于张謇属于冷籍(三代没有做过官或三代内没有人中过秀才、举人的家族),如果在海门报考,他需要多付报考费,于是通过张謇的私塾老师的介绍,张謇的父亲认识了一个叫张驹的如皋人。张驹有个兄弟叫张駧,他的儿子刚刚去世。张駧提出,张謇可以挂名为张駧的孙子在如皋县报考。本来应该在海门报考的张謇，到如皋去报考是舞弊，对于这种舞弊行为，科举时代有一个专有名词，叫"冒籍"。"冒"就是假冒，"籍"就是籍贯，"冒籍"是假冒籍贯报考的舞弊行为。现在高考报考的时候，还有一些考生因为各种原因到户籍所在地之外的地方去报考，只不过现在不叫冒籍，而是叫"高考移民"，因此我们也可以说张謇就是清末的一个高考移民。

让人没有想到的是，张謇以如皋县考生的身份考中秀才以后，帮助他冒籍的张驹兄弟以保守秘密为由，不断地敲诈张謇的父亲，这让他们几乎倾家荡产，不堪忍受敲诈的张謇最后不得不向官府自首。由于学政和地方官看到张謇确实是一个人才，非常同情他，他们向礼部申诉，请求同意张謇以海门考生的身份继续参加科举考试。最后礼部同意了这一申诉，张謇才得以在科举应试的路上继续前进，直至高中状元。尽管如此，这次冒籍舞弊的经历让张謇刻骨铭心，终生难忘。

124 科举时代为什么要严厉打击"高考移民"呢？

要实现分区域定额录取，必须严格要求考生在籍贯所在地报考，严厉禁止考生跨地域报考。然而，由于各地文化教育水平和人口存在差异，考试竞争的激烈程度也不相同。人文水平较高地区的士子为了减少竞争，增加考中机会，纷纷避难就易，想方设法到录取率较高的边远地区冒籍参加考试。

在明代，冒籍应试不仅违法，而且因为假冒籍贯会破坏区域配额制度的公正性，所以一旦查出，不论中试与否，都要发回原籍。到了清代实行分省定额取士制后，冒籍现象一直猖獗，形成了一定的规模，不仅西部省区存在冒籍现象，东部省份诸如福建省也存在冒籍现象。清代，福建文风颇盛，尤其是沿海各府县童试竞争激烈，而台湾新设府县学录取生员名额不少，较易考取，因此许多福建士子移民台湾，争取在台湾府县应试考取秀才。福建士子不得志于本籍，则往往认同姓在台居住者为亲戚，即"过继"，然后赴考，"过继"成为冒籍最常见的手法。

西南地区的广西、云南、贵州因为文化教育水平相对较低，一般是冒籍者流入的地方，这些地方冒籍现象尤为严重。外来考生挤占了当地考生的取中名额，引起了当地考生的不满与阻挠，有的甚至到官府控告，外来考生与本地考生之间的矛盾关系可见一斑。冒籍现象的存在也困扰着当时的政府，因冒籍事件而引起的案件不断发生，严重破坏了边疆地区的安定。

清代对冒籍行为严厉禁止，不仅在报考环节严密防范，更重要的是对于冒籍者进行严厉的打击。一旦发现有冒籍行为，即对当事人及相关人员进行惩处。在科举时代，为了维护科举考试的区域公平，确保统治者的统治地位，保证国家的安定团结，政府往往采取强制性的手段来防止冒籍事件的发生。然而，在追求区域公平的道路上，冒籍仍会不可避免地存在。

125 鲁迅先生家从"小康坠入困顿"是因为一起科场舞弊案吗？

读过鲁迅先生作品的人大概都会记得他在《呐喊·自序》中说过的一句话，他说："有谁从小康人家而坠入困顿的吗？我以为在这途路中，大概可以看见世人的真面目。"这是鲁迅先生从自己的人生经历中总结出来的一句话，他自己就曾经有过从"小康人家"坠入"困顿"的痛苦经历。

导致周家发生如此大变故的事件就是他的祖父周福清贿赂考官舞弊案，他的父亲周用吉（周伯宜）也牵连其中。

清光绪十九年（1893）浙江乡试前，丁忧在浙江绍兴老家的周福清得到消息，这次浙江乡试的正主考官是和他同榜的进士殷如璋。考虑到自己的儿子、鲁迅的父亲周用吉也要参加这一次考试，在其他五家人承诺出洋银一万元的情况下，周福清赶往了苏州，希望能找到殷如璋，请他帮忙录取自己的儿子和其他五家人的子弟。在苏州，周福清让自己的随从陶阿顺把自己写的信和写有洋银一万元的纸条送给正在官船上的殷如璋。但是，由于陶阿顺不懂官场规矩，导致事情败露，周福清不得不向官府自首，被朝廷以行贿考官通关节的罪名判处斩监候，后来，直至光绪二十七年（1901）才被赦免出狱。鲁迅的父亲周用吉不但被革掉秀才，而且在案发之后的第三年也病死在家中。这起舞弊案在幼年鲁迅的心灵上打上了深深的烙印，对他的价值观、人生观的形成都有重要的影响。

126 清代科举制度密不透风，为什么科场大案还是层出不穷呢？

考试与舞弊是一对"孪生兄弟"，有考试就有舞弊。对于古代考生来说，科举可以算作是社会利益分配的一种方式。因为，作为一种选官考试，科举考试直接决定了考生的前途与命运。"朝为田舍郎"，通过科举就可以"暮登天子堂"，能从社会的最底层直接跃升到社会的顶层，无论是在物质上还是在精神上，都会有翻天覆地的变化。由此可见，科举及第确实对考生有着巨大的吸引力。

不仅如此，科举考试还是竞争异常激烈的考试，激烈程度随着科举影响力的扩大而不断增加，至明清时期可以说达到了残酷的程度。比如，明朝录取进士 24586 名，清朝为 26849 名，共计 51435 名，而两朝延续的时间为 544 年，如果用年平均录取进士来计算，每年录取约 95 名进士，录取人数与现在中国科学院、中国工程院每年增选的院士人数基本相当，少得超乎我们的想象。如果形容现在高考的竞争是万人挤独木桥，那么科举考试的竞争就绝对是高空走钢丝，说"百万里挑一"也完全不是夸张。

科举一方面有着巨大的诱惑力，另一方面竞争又非常激烈，从而强烈刺激着士子心中的舞弊心魔，使其蠢蠢欲动，希望通过舞弊实现金榜题名梦想的人自然不在少数。

另外，科举制度条规的完善往往有着相对滞后性。往往是在考试中出现了舞弊，才会推动统治者去制定相应的防范条规，这样就使得舞弊者有机可乘。而且，制度的完善与杜绝舞弊不能画等号，这主要是由于制度还需要有相关人员严格执行，否则制度只能是一纸空文，舞弊也自然会大行其道。

127 一部科举史，真是一部舞弊史吗？

不能否认的是，舞弊对科举的公正性是有损害的，甚至在一定程度上影响了科举选拔功能的发挥。但是，我们不能因此夸大科举舞弊的严重程度，更不能夸大其对科举公正、公平的消极影响，对此我们需要有正确的认识。

首先，在有关科举的文献中，与舞弊相关的文献占有相当的分量，久而久之就会让人形成一种印象：这么多史料记载，可见科举舞弊的严重程度。古代与现在考试都一样，哪个考场一旦出现了舞弊，监考人员必须进行详细的记录，并且将记录上报有关部门，然后由相关部门在充分调查的基础上，给予相应的处理意见。如果是科场案，还需要立案调查，并且对涉案人员作出判决。在这些环节中，必然会产生大量的各类文献，这些文献需要长期保存。而没有出现舞弊现象的考场，就没有必要进行详细地记录，只要写上"正常"就可以了，也不要上报，更没有文献进行记载。其结果是，在同一次考试中，尽管舞弊考场的数量非常少，但是记载的文献却非常多；而没有出现舞弊的考场是绝大多数，记载的文献却非常少，记载两种情况的文献数量明显失衡。这样，随着时间的推移，每次考试都会累积一些记录舞弊的材料，科举在1300年发展历程中累积的材料可用堆积如山来形容。这样，当我们现在再去读科举文献的时候，确实可以看到大量的关于舞弊的记载，这就比较容易让人形成科举舞弊非常严重的错觉。

其次，从时间上来看，在科举1300年的发展历程中，绝大多数年份科举考试是正常进行的，真正出现科场大案的次数不超过30次，应该说这种发案的频率是相当低的。从空间上来看，由于科举考试是层级考试，在全国各地设立考点考试，历代各地设立的考点累计起来数以万计。以清代乡试为例，乡试在各省贡院举行，在光绪元年(1875)之前是16座贡院，之后增加甘肃贡院，共17座贡院。清代举行科举112次，我们以16座贡院来计算，不考虑各地停科等特殊情况，清代各省贡院举行的乡试就多达1792场。然而，在清代乡试中真正能构成科场大案的仅有9起，仅占总场次的约0.5%，发案的比例是相当低的。

即便是出现科场案，大多数时期的统治者都会积极面对，甚至不惜以严刑峻法来惩处违法作弊的考官、考生及其他相关的涉案人员，这既是他们捍卫科举公正性决心的表现，也可以看作是完善科举制度的努力。因此，从时间、空间来看，舞弊对科举公正性的损害都是比较有限的，对科举制度的人才选拔功能的影响并不是太大，科举依然是相对公正、公平的文官选拔制度。

128 八股文到底是什么样的文体呢？

八股文又称制艺、时艺、时文、八比文，因题目来源于四书五经，又分别被称为四书文和五经文。典型的八股文每篇由破题、承题、起讲、入手、起股、中股、后股、束股八部分组成。破题是用两句话说破题目要义，承题是承接破题的意义而阐明之，起讲为议论的开始，入手为起讲后入手之处，从起股至束股才是正式的议论，其中以中股为全篇的重心。在这四股中，每股都有两股排比对偶的文字，总共八股，故称"八股文"。八股文通篇要求文意连贯顺畅，结构严谨细密，搭配整齐巧妙。八股文的命题，局限在四书五经中，而答题议论内容必须根据朱熹《四书集注》等书模仿古人语气"代圣贤立言"。

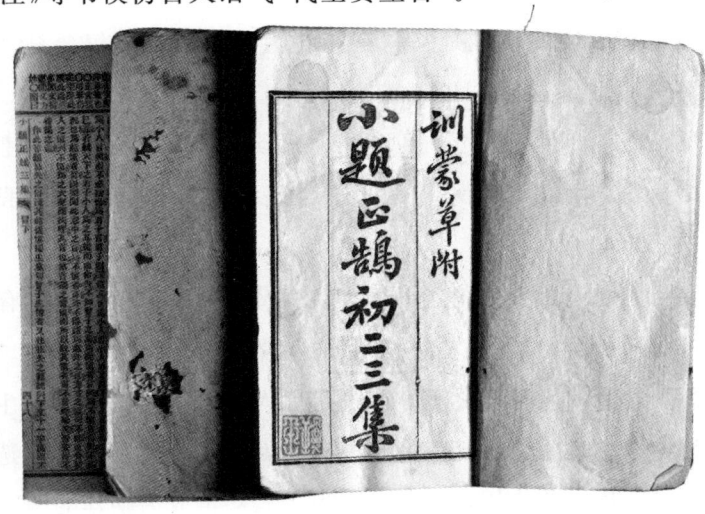

《小题正鹄》

虽然八股文形成于明代,但其渊源可追溯到唐代的试帖诗和宋代的经义。明代的八股文内容虽是经义,形式却是文学,是一种糅合散文的章法、骈文的排偶和近体诗的格律而构成的一种文体。鸦片战争后国势日衰,八股文体也日趋衰落,以八股取士,不仅无法起到"正人心、正学术、正道德"的作用,反而有"锢智慧、坏心术、滋游手"的消极作用。光绪二十七年七月十六日(1901年8月29日),清廷发布上谕,科举考试不准用八股文,在中国历史上延续了五百余年的八股文才走到了尽头。

129 八股文为什么能沿用500多年呢?

从加强封建集权统治的角度而言,明清八股文命题范围和作答都有明确的要求,不允许考生自由发挥,考生必须精通和恪守程朱理学家所信奉的孔孟之道。因此,凡是答题有违孔孟之道的,不仅要被淘汰,还有可能被追究责任。这样,八股文就显示出它特有的政治功用,即可以统一人们的思想,使广大士子只读儒家经典,有利于强化封建集权统治,这正是明清统治者求之不得的,这也是统治者长期使用八股文的一个很现实的考虑。

八股文虽然是有利于公正选才的考试文体,但它本身并没有什么学术、思想方面的价值,《红楼梦》中的贾宝玉在谈到八股文时说:"这原非圣贤之制撰,焉能阐发圣贤之奥,不过是后人饵名钓禄之阶。"考生将它作为"敲门砖",考中之后,他们会将其抛弃,因此八股文不会影响选拔出的人才在各领域发挥重要作用,他们之中不少人甚至成为朝廷的栋梁之材。

130 为什么说八股文是科举时代的客观题呢？

鲁迅先生在《透底》中有一段话批判八股文的空疏无用，他说："八股原是蠢笨的产物。一来是考官嫌麻烦——他们的头脑大半是阴沉木做的，——甚么起承转合，文章气韵，都没有一定的标准，难以捉摸。因此，一股一股地定出来，算是合于功令的格式。用这标准来'衡文'，一眼就看得出多少轻重。"其实，这段话也说明八股文是较为标准化的考试文体，即作文试卷都有一定的标准格式，一眼就看得出轻重高下。

据《国朝贡举年表》卷二载，乾隆二十七年（1762）乡试，状元出身的吴鸿为湖南学政，负责挑选生员参加乡试，而主持湖南乡试的是钱大昕和新科状元王杰，这三位不但自己是写作八股文的高手，而且也是评阅八股文的高手。当参加科试的考生交卷以后，吴鸿看了考卷，最赏识丁甡、丁正心、张德安、石鸿翥、陈圣清的试卷，料定此五人参加乡试必定会考上举人。乡试拆封填榜次序是先从第六一直到最末一名，接下来才开始倒着拆填第五、四、三、二名，最后揭晓的才是解元。在该科湖南乡试拆封填榜时，不断有人将中举姓名一一报告给吴鸿，从第六至最后一名中仅有陈圣清一个人的名字，吴鸿十分疑惑。等到前五名的名单报来以后，他赏识的其他四位考生都在其中。可见吴鸿在贡院外与钱大昕、王杰在贡院内对优秀试卷的评价几乎是一样的。他们之所以会得出几乎相同的结论，主要就是因为八股文这种标准化的考试文体。

131 进士出身的蔡元培对八股文作出了怎样的正面评价？

八股文可以说是一种极端形式主义的考试文体，过于苛求文章的严密逻辑和工整对仗。做八股文是一种高难度的写作训练。吴敬梓在《儒林外史》中借鲁编修之口说："八股文章若做得好，随你做什么东西，要诗就诗，要赋就赋，都是一鞭一条痕，一掴一掌血，若是八股文章欠讲究，任你做出什么来，都是野狐禅，邪魔外道。"进士出身的蔡元培就曾说过，八股文的作法"由简而繁，确是一种学文的方法"。经过写八股文的严格训练之后，再去作其他文体，就显得较容易了。明清时期出现许多撰写对联的高手，这和八股文的风行有关。

就文学价值来说，过去曾有人说八股文为"画中之猪"，毫无美感可言，在文学史上也毫无价值可言。但也有一些作家认为八股文自有其精妙之处。周作人在《论八股文》一文中认为："八股文是中国文学史上承先启后的一大关键。八股不但是集合古今骈散的菁华，凡是从汉字的特别性质演变出的一切微妙的游艺也都包括在内，所以我们说它是中国文学的结晶。"张中行在《闲话八股文》中也认为八股文确实把汉语的诸多特长发挥到了极致，他说："由技巧的讲究方面看，至少我认为，在我们国产的文体中，高踞第一位的应该是八股文，其次才是诗的七律之类。"西方人很难体察八股文的意味，因为离开了汉字的载体，八股文就不成为八股文了。八股文是命题作文，即有的学者所说的"赋得的文学"或"赋得的文体"，在命题作文的特定情况下，能够作出逻辑严密、"花团锦簇"的文章，的确需有相当的文学修养。

132 著名学者俞樾出了什么样的奇葩考题，让自己差点丢掉性命？

由于八股文考题均出自四书五经，有的主考官为了防止考题重复，只好挖空心思，充分发挥他们的聪明才智，在对四书五经中的文字进行组合时，往往会将完整的句子截头去尾地出题目，或将几句内容互不关联的话捏在一起出题，将本来不当连的地方连起来，不当断的地方断开，使考题显得新奇、诡异、冷僻，这种考题也被称之为"割裂题"。

清代著名学者俞樾不仅擅长写八股文，也是一个命割裂题的高手。咸丰年间他在担任河南学政时，命了三道他自认为有创意的割裂题：第一道题为"君夫人阳货欲"，是以《论语》季氏第十六"邦君之妻"章末句"异邦人称之亦曰君夫人"，与阳货第十七首句"阳货欲见孔子"隔篇截搭而成。第二道题为"王速出令反"，是由《孟子》中的"王速出令，反其旄倪"截搭而成。第三道题为"二三子何患乎无君我"，是由《孟子》中"二三子何患乎无君，我将去之"一句割裂而成。

有人将他的三个题目连起来，"君夫人阳货欲""王速出令反""二三子何患乎无君我"，然后说俞樾他有重大的政治问题。俞樾自己仔细一看，不由地吸了口凉气：这句句都可以置我于死地啊！为什么这么说呢？头一个题目可以理解为皇后想红杏出墙，这不是欺君犯上，毁谤王室成员吗？"王速出令反"这不是鼓动王室成员造反吗？"二三子何患乎无君我"这个更严重了，不是表明自己公然要篡位吗？

俞樾越看越害怕，越想越觉得委屈，他自己命题时的原意不是这样的，"君夫人阳货欲"只是两章的截搭，虽有戏谑成分，但也决没有毁谤的意图。"王速出令反"，原文中的"反"是通假字，通"返"，是使回去的意思，《孟子》那句话的意思是"大王下命令，将俘虏尽快释放，让他们回家吧"。因此，这个"反"字，绝对不是造反的意思。而第三道题的原文"二三子何患乎无君，我将去之"的意思是"你们何必害怕没有君子，我准备离开这里"。很显然，依据这句话所命的题目没有政治问题。

俞樾万万没有想到自己出八股文考题也惹出了这么大的祸端，因此懊悔不已。如果皇帝想处罚他，怎么重都不为过。好在有曾国藩这位朝廷重臣为他说好话，他才得以被从轻处罚——革职，永不录用。也许是放弃了从政的雄心，俞樾潜心研究经学，到各地游学，在多所著名书院担任主讲，成为晚清最有影响的经学大师之一，培养了大批著名学者，国学大师章太炎就是他任教杭州诂经精舍时的高足。

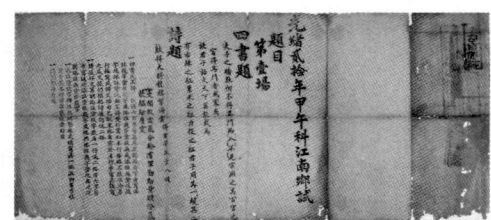
光绪二十年甲午科江南乡试第一场考题

光绪二十年甲午科江南乡试第二场考题

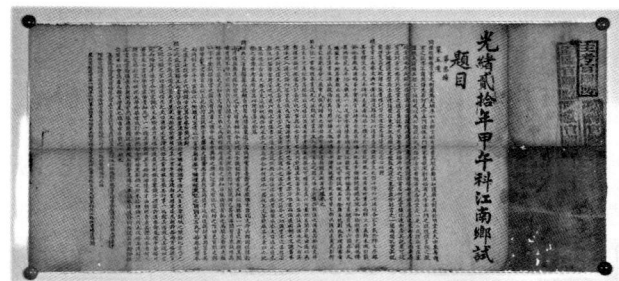
光绪二十年甲午科江南乡试第三场考题

133 如果碰到偏题怪题，考生们会如何机智应对？

如果碰到诡异生疏的截搭题，考生在感叹时运不佳的同时，也会绞尽脑汁来破题。据《制义丛话》记载：明末学者金正希7岁时，跟随父亲做生意，在一次纠纷中，有一位秀才把他们告到知县葛中选那里。经过葛知县的审理，被告金爸爸理亏，要被追究责任。这时，金正希的父亲想出了一个开脱自己的法子，他对葛知县说："我有一个儿子非常会写文章，希望您能考考他，如果他能让您满意的话，您就免去我的罪责，不知道是否可以呢？"让金正希的父亲没有想到的是，他的这个提议居然得到了葛知县的同意。葛知县当即命题"学而第一、为政第二"，让金正希破题。金正希略作沉思之后，不慌不忙地说："学而后为政，未闻以政学者也。"他将学习作为处理政务的重要基础，将二者的关系建立起来。金正希的表现让葛知县大吃一惊，当即让他到自己的衙门来，亲自辅导他的学习。正是因为有这样敏捷的才思，以及对八股文破题的良好悟性，金正希在崇祯元年（1628）考中进士，并考入翰林院，成为翰林院庶吉士。

由于八股文只从四书五经中命题，在尽可能不雷同的原则要求下，必须不断地通过组合文字来增加题量，截搭题的出现是一种必然，也是主考官们挖空心思的结果。但这些题目的出现，也使得科举考试更像一种文字游戏，达不到考察考生真实水平的目的，八股文逐渐走向穷途末路也就成为必然。

134 顾炎武为什么会说八股取士的危害超过秦始皇的焚书坑儒呢？

顾炎武在《日知录》中说："故愚以为八股之害，等于焚书。"在他看来，秦始皇在咸阳只掩埋了400余名儒生，而数百年中八股文坑害的知识分子则成千上万。

八股文命题均出自四书五经，而且答题必须以朱熹的《四书集注》等程朱理学家的观点为依据，并模仿古人语气"代圣人立言"，考生不能阐述自己的观点，读书人的思想被禁锢，这是科举用八股文取士的最大弊端。

不仅如此，为选拔少量的文官，诱使千千万万的读书人成天钻研八股文这种复杂的考试文体，而八股文章既与政事无关，也不是一种文学创作。它虽对文学的发展有间接的作用，也确实选拔过一批才智之士，但它内容空疏，实际上是一种文字游戏，耗费了无数士人的心血和光阴。

有的读书人整天埋头揣摩八股文的范文，反而忽视了儒家经典，结果成为连最基本的文史知识都没有掌握好的酸腐迂拙、不学无术的废人。清初有个医学家徐灵胎，号洄溪，著有许多首"劝世"的"道情"（一种民间小调），名为《洄溪道情》，其中的"刺时文"对这种现象进行了生动的描绘：

读书人，最不济。醉时文，烂如泥。国家本为求材计，谁知道变作了欺人技。三句承题，两句破题，摇头摆尾，便道是圣门高第。可知道三通（《通典》《通志》《文献通考》）四史（《史记》《汉书》《后汉书》《三国志》）是何等文章？汉祖唐宗是哪一朝皇帝？案头放高头讲章，店里买新科利器。读得来肩背高低，口角嘘唏，甘蔗渣儿嚼了又嚼，有何滋味！辜负光阴，白白昏迷一世。就教他骗得高官，也是百姓朝廷的晦气。

135 设立算学科在清末改革科举中有何意义呢？

至清末，面对强烈的变革科举的呼声，清廷不得不开始变通科举，设立算学科是其变革科举的举措。光绪十三年（1887），总理衙门集中讨论以算学取士的事宜，最后决定岁试、科试时，生员监生中有报考算学者，除正场之外，另出算学题目考试。如士子能通晓算法，即将原卷咨送总理各国事务衙门复勘注册。等到乡试年份，按册咨取赴总理衙门，对他们的格物测算及机器制造、水陆军法、船炮水雷，或公法条约、各国史事等方面的知识进行考查，合格者可以参加顺天乡试，录送人数在20名以上，在卷面加印"算学"字样，与其他士子一同试以诗文策问，不再另出算学题目。其试卷由外帘另编为一束，弥封誊录后送内帘阅卷。主考官按照每20名考生录取1名的比例录取。会试仍然另编字号，由算学中式的举人，与各省士子一同考试，凭文取中。

这一改革打破了长期以来科举只试以经史文学知识的局面，代表西学主要组成部分的算学终于成为科举考试的部分内容，这是科举在清末危亡时局下的变革。尽管如此，清廷并未将西学列入考试内容作为改革的主要方向，只是试图以此应付日益强烈的改革呼声，实际上并无改革的决心和诚意，这可以从算学生被录取人数之少上得到充分的反映。

136 八国联军侵华之后，慈禧太后实行了哪些改革科举的举措呢？

在举行经济特科的同时，慈禧太后于光绪二十七年（1901）七月十六日发布懿旨，规定从光绪二十八年（1902）开始乡会试第一场试中国政治史事论五篇，第二场试各国政治艺学策五篇，第三场试四书义二篇、五经义一篇。生童岁、科试时，学政先试经古一场，正场考试内容

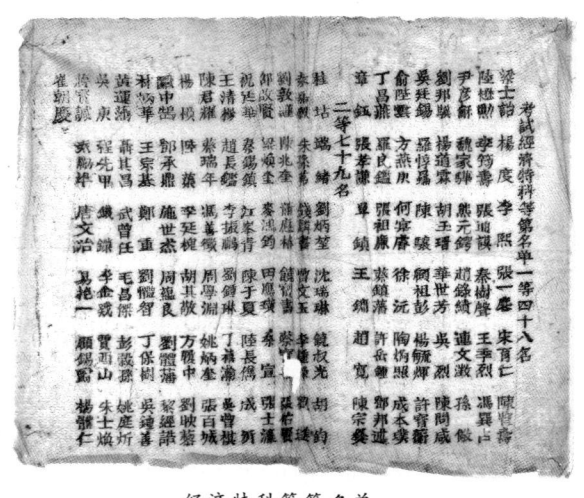

经济特科等第名单

为中国政治史事及各国政治艺学策论，并试四书义、五经义各一篇，强调以上一切考试均不准用八股文作答，这与戊戌维新时期的废八股之诏书几乎完全相同。同日，清廷还发布懿旨，宣布废止武举制度，肇始于唐代的武举终于走到了历史的尽头。

光绪二十八年（1902），补行庚子、辛丑恩正并科乡试，12个省份举行乡试。二十九年三月，补行辛丑、壬寅恩正并科会试，五月举行殿试，录取了315名进士。二十九年八月又举行恩科乡试。这两年接二连三地连续举行的乡试、会试，考试内容不再是八股文，而是二十七年七月十六日懿旨所规定的考试内容，这标志着沿用五百年之久的八股取士格局被彻底摒弃。

不仅考试内容发生了显著的变化,墨卷要求附草稿,也不再誊录为朱卷,只是将墨卷弥封后送交考官评阅,这表明清代严密的科场条例已经开始松弛。

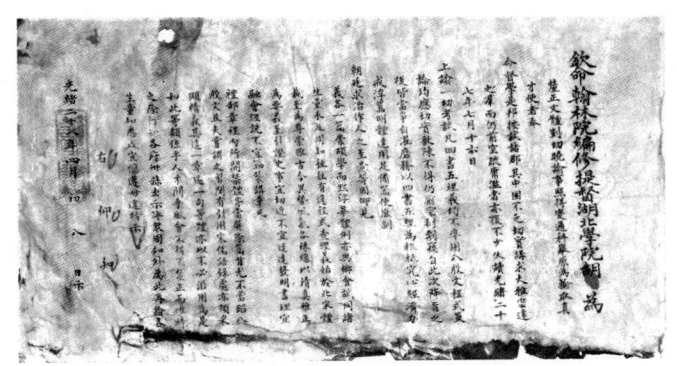

湖北学政发布的改革科举废八股文告示

137 1905年清廷为什么要宣布立即废止科举呢?

光绪三十年(1904),日俄战争在中国东北爆发,清廷居然号称"中立",日本战胜俄国,并趁机大举入侵东北,中国主权再次受到严重损害,国家已经危在旦夕,"今日中国之势极矣,今日中国之辱深矣"。各地反清起义不断,南洋公学、南京陆师学堂相继掀起学生留日风潮,各地也纷纷抗议学堂禁议时政、禁阅新书报等钳制学生思想的做法,这直接威胁着清廷的统治。与此同时,清廷内部立宪的呼声日益高涨,尽快培养大量新式政治人才成为改制立宪的关键。

而受制于科举发展缓慢的学堂却很难肩负起这一重任。于是,那些原先主张渐废科举者,转而提出立停科举的主张。光绪三十一年八月初四(1905年9月2日),直隶总督袁世凯、盛京将军赵尔巽、湖广总督张之洞、两江总督周馥、两广总督岑春煊和湖南巡抚端方等奏请停废科举。面

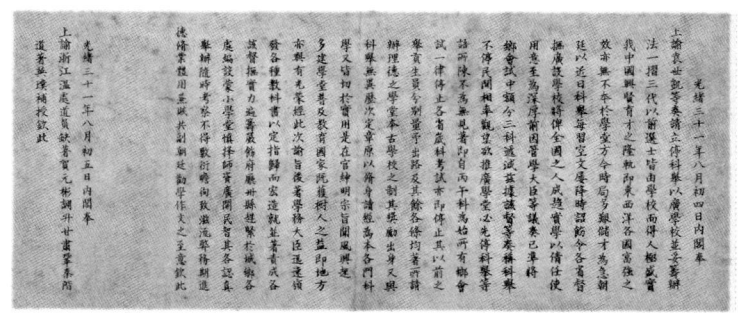

清廷停科举上谕

对南北封疆大吏的强烈呼声,清廷同日发布上谕,宣布停废科举,以丙午科为始,所有乡会试一律停止,各省岁科考试亦随即停止。这一上谕的发布标志着在中国历史上沿用了1300年之久的科举制度的终结。

138 为什么说废科举在清末有其历史必然性?

在清末特殊的社会历史背景下,科举停废有其历史必然性。首先,创立于隋代的科举经历了唐、五代、宋、元、明的发展,至清代已经高度程式化,这一方面是科举公正性的要求,另一方面也使科举更加僵化,无法根据社会的需要进行适时的变革。其次,《辛丑条约》签订后,使中国面临着"危急存亡之秋,而不以全国精力养成今日切用之人才,不能生存于竞争激烈之世界"的形势,废止旧教育,发展新教育,建立近代教育体系成为当时的共识。光绪二十七年八月初二(1901年9月14日)清廷正式颁布改书院为学堂的上谕,但仍无法扭转世人重科举轻学堂的趋向。尽管科举考试内容和形式在清末进行了重大调整,但还是严重束缚着新式学堂的发展,科举制度和学堂成为清廷的两难选择,当他们意识到"一个显而易见的不稳定因素正在国内外学生中流动,所以必须让学生获得各种出身并可以成为一个政府官员",清代统治者更趋向选择学堂而废止科举。最后,清廷内部权力斗争也向着有利于停废科举的方向发展。反对废八股最激烈的徐桐、刚毅、赵舒翘或自杀,或被处死。而主张改革科举的满汉大臣荣禄、刘坤一、张之洞、袁世凯、盛宣怀等人因"匡扶大局"受赏,端方、赵尔巽等也获提升,这为科举停废创造了权力的保证。此外,"废科场"被当时舆论视为清末朝廷的三大善政之一。

因此,无论是新式教育发展的需要、政治权力斗争的结果,还是社会舆论,都朝着停废科举的有利方面发展,科举停废成为当时社会的必然选择,并不是历史的误会。

139 废科举有什么积极意义呢?

科举停废打破了儒学一统天下的局面,标志着帝制时代的旧教育制度在形式上的结束,新的近代教育制度正式确立。科举制度的废除加速了西方近代科学文化在中国的广泛传播,并促进了新知识分子群的形成。废科举使中央集权不仅在政治上,而且在思想文化上对全社会的有效控制力都有所削弱,为辛亥革命创造了新的有利条件,并开了十年后新文化运动的先河。

不仅如此,清末科举制度已不能适应社会对科学文化的要求,不能满足近代对新型科技与管理人才的需求,并严重地阻碍新式教育的发展。科举制废除之后,建立了近现代教育制度,开创了近现代科学技术事业,形成了新式知识分子群体。用社会发展的眼光来看,废除科举制在中国走向现代化进程中的意义是非常重大的,其积极性远大于消极性。

140 有哪些学者批评过废科举之举呢？

随着时间的推移，因没有科举而带来的弊端逐渐明显，社会对于废科举的态度发生了显著的变化，批评废科举的声音不绝于耳。钱穆在《中国历史上之考试制度》中认为科举制度"因有种种缺点，种种流弊，自该随时变通，但清末人却一意想变法，把此制度也连根拔去。民国以来，政府用人，便全无标准，人事奔竞，派系倾轧，结党营私，偏枯偏荣，种种病象，指不胜屈。不可说不是我们把历史看轻了，认为以前一切要不得，才聚九州铁铸成大错。"余秋雨在《十万进士》中对于废除科举所带来的新问题用文学语言进行了分析："新型的学者在成批地产生，留学外国的科学家在一船船地回来，但管理他们的官员又是从何产生的呢？而如果没有优秀的行政管理者，一切学者、科学家都会在无序状态中磨耗终身，都会在逃难、倾轧、改行中折腾得精疲力竭，这已被历史反复证明。"清末改革科举制度的主将梁启超在戊戌变法失败后逃亡日本，亲眼看到欧美、日本等国借鉴科举实行的文官考试制度，1910年，也就是废科举的5年之后，他明确说"夫科举非恶制也"，主张"复科举便！"

时至今日，还有很多学者认为科举能为我们现在的教育改革提供借鉴。著名学者任继愈在接受采访时曾说："我欣赏科举，是鼓励自学。科举制度始终把自学放到第一位，古代也有书院，也有大学，大学的数目很少，国子监是国家的学校，各省也有一些书院。有官办的，有私办的。这些学校毕竟是少数。多数一边工作，一边学习，用自学的方法，来达到国家要求的水平。国家就用科举来选择学得好的。"

伍

影 响

三更灯火五更鸡,正是男儿读书时。黑发不知勤学早,白首方悔读书迟。

141 宋代的"四大喜""四大悲"为什么都会将科举列入其中呢?

洪迈在《容斋随笔》中有《得意诗失意诗》,描写了人生的四大喜、四大悲,四大喜是"久旱逢甘雨,他乡见故知。洞房花烛夜,金榜题名时。"四大悲是"寡妇携儿泣,将军被敌擒。失恩宫女面,下第举人心。"科举及第和落第分别成为人生的四大喜和四大悲之一,足见科举在宋代社会影响的广泛。

在这种社会风气之下,考中进士已成为广大知识分子梦寐以求的目标,"朝为田舍郎,暮登天子堂"并非一句口号。司马光曾描绘了金榜题名以后能够得到的好处:"一朝云路果然登,姓名高等呼先辈。室中若未结姻亲,自有佳人求匹配。"北宋开始流行榜下择婿,难怪宋真宗会说"书中有女颜如玉"。科举制的利诱促使读书人急剧增加,读书应举成为一种社会风尚,而且这种风气长盛不衰,有力地推动了宋代教育的普及和文化发展,甚至连偏远的村落也不能例外,因此有"孤村到晓犹灯火,只有人家夜读书"的诗句。

在宋代社会上日益形成了"读书人人有份"的观念,此种教育机会均等观念的形成,得益于科举取士的推动。这种读书风气形成的直接结果是士人阶层的扩大,士人阶层的扩大并不一定意味着寄生阶层的扩大或游手好闲者的增加,而是从事知识学习和生产的人增加,或者说扩大了精神文明领域中的活动者,相对减少了物质文明领域中的活动者。

142 宋代科举到底选拔了哪些人才？

通过不断完善科举制度，宋代科举录取了一批彪炳史册的人才，他们在政治、文化、教育和科技等方面都发挥了重要的作用。徐有贞指出："宋有天下三百载，视汉唐疆域之广不及，而人才之盛过之。"（徐有贞：《重建范文正公祠堂记》）郎瑛也说："人才之盛，莫三国与宋也。"（郎瑛：《七修类稿·义理·三国与宋用人不同》）

姓名	登科时间	简介
寇准	太平兴国五年（980）	北宋名臣，官至枢密使。曾协助宋真宗澶渊退敌
晏殊	淳化二年（991）	十四岁应童子科，赐同进士出身，官至右谏议大夫、集贤殿学士、同平章事兼枢密使。以词著于文坛，与欧阳修并称"晏欧"。其代表作有《蝶恋花·槛菊愁烟兰泣露》《浣溪沙·一曲新词酒一杯》等
范仲淹	大中祥符八年（1015）	北宋杰出的思想家、政治家、文学家，官至参知政事。所撰《岳阳楼记》为散文名篇，其中"先天下之忧而忧，后天下之乐而乐"为千古名句
包拯	天圣五年（1027）	北宋名臣，官至枢密副使。因曾任天章阁待制、龙图阁直学士，故世称"包待制""包龙图"。包拯廉洁公正、立朝刚毅，不附权贵，铁面无私，且英明决断，敢于替百姓申不平，故有"包青天""包公"之名

续表

姓名	登科时间	简介
欧阳修	天圣八年（1030）	北宋名臣、文学家、史学家，官至翰林学士、枢密副使、参知政事，谥号文忠。欧阳修是在宋代文学史上最早开创一代文风的文坛领袖，曾主持修纂《新唐书》，独撰《新五代史》。嘉祐二年（1057）二月，欧阳修以翰林学士身份主持礼部考试，录取苏轼、苏辙、曾巩等人，王安石也因为得到欧阳修的推荐而考中进士。后人将其与韩愈、柳宗元和苏轼合称"千古文章四大家"
柳永	景祐元年（1034）	北宋著名词人，婉约派代表人物。他自称"奉旨填词柳三变"，其词多描绘城市风光和歌妓生活，尤长于抒写羁旅行役之情，创作慢词独多，在当时流传极其广泛，人称"凡有井水饮处，皆能歌柳词"
司马光	宝元元年（1038）	北宋名臣、史学家、文学家，主持编纂了中国历史上第一部编年体通史《资治通鉴》，历仕仁宗、英宗、神宗、哲宗四朝，卒赠太师、温国公，谥号文正
王安石	庆历二年（1042）	北宋政治家、文学家。他在政治上推行变法，对北宋后期社会经济产生了重大影响。王安石在文学上擅长说理与修辞，善于用典故，其诗文作品中名篇颇多

续表

姓名	登科时间	简介
苏轼	嘉祐二年（1057）	北宋著名文学家、书法家。苏轼是宋代文学最高成就的代表之一，其诗题材广阔，清新豪健，善用夸张比喻，与黄庭坚并称"苏黄"；其词开豪放一派，与辛弃疾同是豪放派词人代表，并称"苏辛"；其散文著述宏富，豪放自如，与欧阳修并称"欧苏"
苏辙	嘉祐二年（1057）	北宋文学家、诗人、宰相，"唐宋八大家"之一。苏辙学问深受其父兄的影响，以散文著称，擅长政论和史论
曾巩	嘉祐二年（1057）	北宋文学家，长于史传和策论，位列唐宋八大家。与其弟弟曾牟、曾布及堂弟曾阜一同登进士
张载	嘉祐二年（1057）	北宋著名理学家，是"关学"的创立者，与二程的"洛学"、周敦颐的"濂学"、王安石的"新学"、朱熹的"闽学"等同为显学。其名言"为天地立心，为生民立命，为往圣继绝学，为万世开太平"至今仍被今人广泛引用
程颐	嘉祐四年（1059）	北宋著名理学家，与其兄程颢世称"二程"，共创"洛学"，为宋代理学奠定了基础，其思想在中国思想史和学术史上有着极为重要的地位
沈括	嘉祐八年（1063）	北宋著名科学家。他在磁学、光学、天文学等领域都有很深的造诣和卓越的成就，被英国的李约瑟誉为"中国整部科学史中最卓越的人物"，是"中国科学史上的坐标"。其著作《梦溪笔谈》，内容丰富，集前代科学成就之大成，在世界文化史上有着重要的地位

续表

姓名	登科时间	简介
黄庭坚	治平四年(1067)	北宋著名文学家、书法家，为盛极一时的江西诗派开山之祖。与张耒、晁补之、秦观都游学于苏轼门下，合称为"苏门四学士"
秦观	元丰八年(1085)	北宋著名婉约派词人，其词大多描写男女情爱和抒发仕途失意的哀怨，代表作有《鹊桥仙·纤云弄巧》《满庭芳·山抹微云》等。他所编撰的《蚕书》，是我国现存最早的一部蚕桑专著
朱熹	绍兴十八年(1148)	南宋理学集大成者，被尊称为"朱子"，是唯一的非孔子亲传弟子而享祀孔庙的儒者，位列大成殿十二哲之一，是中国思想史、学术史上继孔孟之后最有影响的人物
范成大	绍兴二十四年(1154)	南宋文学家，尤工于诗，诗歌风格平易浅显、清新妩媚，题材广泛，以反映农村社会生活内容的作品成就最高。与杨万里、陆游、尤袤合称南宋"中兴四大诗人"
杨万里	绍兴二十四年(1154)	南宋著名诗人，一生作诗两万多首，传世作品有四千二百首，被誉为一代"诗宗"。其诗作大多描写自然景物，语言浅近明白，清新自然，被称为"诚斋体"。"小荷才露尖尖角，早有蜻蜓立上头"，"毕竟西湖六月中，风光不与四时同"等为杨万里诗歌名句
吕祖谦	隆兴元年(1163)	登进士第后，又中博学宏词科。南宋著名理学家，是婺学创立者和代表人物

续表

姓名	登科时间	简介
陆游	隆兴元年（1163）	高宗时应礼部试，为秦桧所黜。孝宗时赐进士出身。南宋著名诗人。陆游高扬以爱国为主题的诗风，对南宋后期诗歌产生了积极的影响。创作诗歌今存九千多首，内容极为丰富
陆九渊	乾道八年（1172）	南宋心学创立者、代表人物，因讲学于象山书院，被称为"象山先生"，学者常称其为"陆象山"
文天祥	宝祐四年（1256）	状元。南宋著名的政治家、文学家。被元兵俘虏，宁死不屈，代表作《正气歌》成为激励后人的名篇。"人生自古谁无死，留取丹心照汗青"成为千古名句
陆秀夫	宝祐四年（1256）	南宋抗元名臣，与文天祥、张世杰并称为"宋末三杰"。崖山海战兵败，陆秀夫背着卫王赵昺赴海而死，表现出敢于为朝廷献身的崇高气节

143 秀才、举人、进士大致相当于现在的什么学位呢？

一个读书人通过童试，考取秀才。通过选拔考试——科试的秀才有资格参加乡试，合格者取为举人。新科举人和历科举人有资格到京城参加会试，合格者称贡士。全部贡士都有资格参加殿试，殿试不淘汰，只排名，录取者分为三甲，统称为进士。秀才、举人、进士是中国科举的功名。

明朝来中国的传教士利玛窦在中国生活了 28 年,对中国文化和科举有比较深入的了解,他介绍中国的文章死后以《利玛窦中国札记》为名结集出版。他在介绍科举时将秀才、举人、进士视同于西方的学士、硕士、博士三级学位。

利玛窦说:"第一种学位与我们的学士学位相当,叫作秀才(Suizai)。"它由皇帝钦点的"提学(Tihio)"主持,前后"需进行三次考试"(即县试、府试、院试)。"任何人都可以参加初试,有时一个地区就有四五千人应试",经过初试、二试淘汰后,所剩"一般不超过二百名。他们入选,是因为文章写得好"。第三次考试由提学监试,远较前两次严格,"成绩最好的二十或三十名将被授予学位","这时,他们就是学士了"。因此,在利玛窦看来,秀才相当于西方的学士。

钦奖进士匾

"中国士大夫的第二种学位叫举人(Kuigin)。可和我们的硕士相比。这种学位,在各大省份以很庄重的仪式授予,但只是每三年在八月举行。"只有取得秀才功名者,"才能应召参加这一第二级学位的考试"。"硕士学位要比学士高出很多,随之也就更加尊贵,而且有更引人注目的特权。取得硕士学位的人，一般认为，还要继续学习，进一步取得博士学位。"可见，在利玛窦看来，举人相当于西方的硕士。

"中国人的第三种学位叫作进士，相当于我们的博士学位。这个学位也是每三年授予一次，但只是在北京地区。授博士学位，总是在硕士学位之后的第二年。全国每次授予学位不超过三百名。任何省份获得硕士学位的人，都可以自由参加这一考试，随便应考多少次。""在这次考试中取为第一、第二名的，则被赋予殊荣，他们一生都可确保高级公职。他们享有，相应于我们国家的公爵或侯爵的地位，但其头衔并不世袭传授。"在利玛窦的眼里，进士相当于西方的博士。

清末废科举之后，还面试授予科举功名给少量贡献突出者，如授予詹天佑等7人工科进士，严复、辜鸿铭等人文科进士。这说明在清末科举功名已经具备了现代学位的特征。

144 考中秀才以后有资格做官吗？

秀才是中国明清社会中一个比较独特的群体，他们虽然处于科举体系中最底层，也不能以秀才的身份获得官职，但是秀才的政治地位比普通人高出一等，享有一定的政治特权。首先，有事情要报告官府，秀才可以写禀帖，而普通百姓只能写呈文；其次，秀才见知县不必下跪，只需要拱手作揖就可以了，官府也不能随便对他们用刑。如果一定要处罚秀才，必须先请示学政，由其取消其秀才身份后，才能进行处罚。如果情节轻微，知县一般交由县学教官来处理，最多只能打秀才的手板，不能动用其他刑罚。

普通人见了秀才要称老爷，不能再直呼其名了。秀才家的房门总比别人家的高出三寸。之所以如此，最直接的原因是秀才的帽子上有雀顶。更深层次的原因是，通过允许秀才家加高大门，显示读书考秀才也可以光耀门楣。

在经济方面，秀才可以免除部分地丁钱粮，甚至差赋徭役。不仅如此，中秀才也让读书人获得了一种谋生的本领。按照张仲礼先生的研究，在古代中国，"对于绅士来说，教学是出仕之外唯一能令人满意的出路"。秀才担任私塾教师成为明清社会的常例。古人往往将老师的工作称之为"舌耕"，尽管收入不是很丰厚，但还是比较稳定的。张仲礼先生列举了一个叫黎安力的贵州秀才担任私塾教师的收入，他18岁考取秀才后就开始教书，那一年的收入只有10两银子。21岁时，他招收了8个学生，年收入为24两银子。尽管这些收入仍然不够家庭的开销，但与一个年收入5～10两的雇工相比，秀才的收入显然要高很多。士子通过童试考中秀才，应该不是他们的最终目标，继续参加科举考试，实现金榜题名才是他们人生的最高理想。

145 考中举人能给读书人带来什么好处呢？

明清乡试的录取者称举人，又称孝廉、登贤书、领乡荐、乡进士等。明初科举分五经取士，在乡试中每经选第一名，称为经魁，这样每科乡试的第一名至第五名是每经的第一名，因此又称五经魁。清代乡试第一名为解元，第二名称亚元，第三名至第五名沿用明代经魁的称呼，解元和经魁简称为经解，第六名至第十名称乡魁。第六名之外的举人通称文魁。

举人在明清时期已是一种正式的科名了,即使他们会试落榜,也已经具备了做官的资格,一般可出任知县、教官等职,因此有人说举人是"头顶知县,脚踏教官"。清代举人可以通过拣选、大挑和截取三种途径任官。

考中举人还是可以使自己的社会、经济地位产生质的飞跃。举人是中国古代社会绅士的主体,他们是一个地方最有权势和经济实力的人。举人见知县,与秀才只能是拜见不同,他们是会见,这也就是说举人与县官是平等关系,可以平起平坐。如果举人犯了罪,知县是不能随便处罚的,必须先报告学政,由学政革除其功名后,才能进行审理。

在中国历史上,著名的举人有明朝的"海青天"海瑞和晚清名臣左宗棠。海瑞于嘉靖二十八年(1549)中举,因力主严惩贪官污吏,禁止徇私受贿,并推行一条鞭法,强令贪官污吏退田还民,有"海青天"美誉。

左宗棠于道光十二年(1832)与哥哥左宗植一同应试,左宗植名列第一,考中解元,左宗棠则名列第十八名,兄弟同榜中举。尽管三次会试落第而归,但左宗棠后来成为清朝的一代名臣,他创办福州船政学堂、平定西北、收复新疆,被称为"晚清中兴四大名臣"之一。

146 考取进士之后,一般会被授予什么品级的官职?

清代沿袭明制,殿试一甲三名,称状元、榜眼、探花,赐进士及第;二甲若干人,赐进士出身,第一名称传胪;三甲若干人,赐同进士出身,一、二、三甲统称进士出身,又称甲榜、登科。

自宋代开始,进士及第后即授官。清初沿袭明制,状元授翰林院修撰,为从六品。榜眼、探花授翰林院编修,为正七品。二甲、三甲进士分派到六部、都察院、通政司、大理寺等衙门观政（大致相当我们现在的大学生毕业前的实习）三月，然后授予官职。顺治三年（1646）规定，二甲前50名授六部主事；51名至三甲前10名授予中行评博，11至20名授予知州，21至70名授予推官，其他进士则授予知县。此后，新科进士的授官政策进行了多次调整。顺治十八年（1661），清廷宣布停止进士观政的措施。康熙三年（1664）规定：二甲进士授推官，三甲进士授知县。此后，未能入选庶吉士的新科进士一般被授予主事、中书、行人、评事、博士、推官、知州、知县等官职。因此，进士初次授官的品级并不高，但是他们往往有较好的发展空间，升迁速度往往快于非科举出身者。

进士匾

147 北京国子监进士题名碑到底有多少通呢？

自元代皇庆三年（1314）起，朝廷仿效唐代进士雁塔题名的做法，将进士的姓名刻在北京国子监石碑上。北京国子监现存除3通元代进士题名碑之外，还有自永乐十四年（1416）丙申科起至崇祯十六年（1643）癸未科止的明代进士题名碑77通,自顺治三年(1646)丙戌科起至光绪三十年(1904)甲辰科止的清代进士题名碑118通。元、明、清三代题名碑共计198通,其上刻有51624名进士的姓名、籍贯和名次。如此规模庞大的进士题名碑,不仅是中国古代科举考试留下的一大景观,也是对古代读书人的一种最高的精神奖赏。

明清进士题名碑

148 什么是"三元及第"呢?科举史上有哪些人"三元及第"呢?

如果一个考生乡试考中解元,会试考中会元,殿试考中状元,即

"三元及第""连中三元",这是古代读书人的至高荣耀。历代连中三元者有唐代的张又新、崔元翰、武翊黄3人,宋代的孙何、王曾、宋庠、杨寘、冯京、陈尧叟、何涣7人,金代的孟宗献,元代的王宗哲,明代的黄观、商辂2人。清代有两名:一个是乾隆四十六年(1781)辛丑科状元钱棨,为江苏长洲人;一个是嘉庆二十五年(1820)庚辰科状元陈继昌,为广西临桂人。历代"三元及第"者共计16人。

陈继昌"三元"匾

149 大魁天下的状元一定会被皇帝招为驸马吗?

状元是进士中的第一人,其享受的荣耀远远超过了普通进士。在戏曲中,有很多中状元之后招驸马的情节,比如《铡美案》中的陈世美便是其中一个典型的例子。在很多人心中,考中状元被皇帝招为驸马似乎是一种惯例。

实际上,在中国科举史上,中状元后被招为驸马的仅有唐代的郑颢一人。郑颢是唐会昌二年（842）壬戌科状元，他得到了唐宣宗的赏识，将万寿公主嫁给他，成就了状元郎成驸马郎的佳话。

状元之所以极少会被招为驸马，是因为能考中状元的人年龄都是比较大的，至少也在 30 岁左右，这样年龄的男性在古代一般都早已结婚。如此，皇帝就自然不会考虑将女儿许配给这些已经结婚的状元了，因为皇帝不会让自己的女儿嫁给一个二婚的男性，更不可能让其成为状元的妾，毕竟"皇帝的女儿不愁嫁"。不仅如此，从状元的角度而言，公主是皇帝的女儿，身份尊贵，将其娶进家门之后，会担心公主凌驾于自己和家人之上，成为家里名副其实的"皇帝"，这是大多数身份显赫的状元不愿意看到的。

150 毛泽东曾经说："历来状元就很少有真正好学问的"，科举选拔的人才是高分低能吗？

一个读书人要考中状元，一定是经过寒窗苦读之后，具备深厚的学养和功底，以及相当出色的文章才华和深厚的经史造诣。他们之中出了像唐代的王维、柳公权，宋代的宋庠、陈亮、文天祥，明代的杨慎、罗洪先，清代的彭定求、毕沅、翁同龢等文化名人。然而，确实如毛泽东所言，并非每个状元都成了大器，但我们不能据此认为科举考试无法选拔出有真才实学的人，原因有以下个三方面：

首先，有西方的心理学家发现，成功的人物绝大多数智商都很高，但达到一定高度的智商之后，成功与否就主要取决于非智力因素了。状元及第仅仅提供的是一个入仕施展抱负的机会，至于后来在政界或学术上取得多大的成就，对社会发展和文化进步起多大的作用，往往取决于他的综合素质和机遇，所以不少状元变得默默无闻也就不足为奇了。

其次，科举考试仅仅是一种文化水平考试，尤其到明清时期是以八股文为主，并不能考查考生的学术水平或者学术潜质。因此，状元在考试中脱颖而出，只能说明他对应试知识掌握得很好，撰写八股文的水平高，并不能说明他的学术水平高或者学术潜质好。

最后，科举考试是一种选拔文官的考试，而不是选拔学者的考试，考试合格者往往会授予官职。历史上虽然不少人通过"学而优则仕"，再做到"仕而优则学"，也就是说做官之后仍然有余力来做学术研究，但是绝大多数的人都做不到这一点，毕竟做官需要耗费大量的时间和精力，就没有余力再专心从事学术研究了。状元授官比普通进士要高，其一举一动、为官的政绩较之普通进士更为人瞩目，他们需要将更多的精力投入到工作和修身之中，他们更没有时间和精力来做学问。

151 明代状元都来自哪个省、哪个县呢？

中国科举史上第一位状元是唐代武德五年（622）的孙伏伽，最后一位状元是光绪三十年（1904）甲辰恩科状元刘春霖。有学者统计，中国科举史上共计产生了592名文状元。明代首科状元为洪武四年（1371）辛亥科吴伯宗，末科状元为崇祯十六年（1643）癸未科杨廷鉴。明朝共计举行89次殿试，取状元89名，进士24586名。明代状元的地域分布如下：

省（布政使司）	县（州）	状元数	状元姓名	各省小计
北直隶	通州	1	魏藻德	3
	固安	1	杨维聪	
	宁晋	1	曹鼐	

续表

省（布政使司）	县（州）	状元数	状元姓名	各省小计
南直隶	清河	1	丁士美	22
	贵池	1	许观（黄观）	
	无为州	1	邢宽	
	宜兴	2	周延儒、陈于泰	
	吴县	2	施槃、申时行	
	长洲	2	吴宽、文震孟	
	华亭	2	钱福、唐文献	
	昆山	4	毛澄、朱希周、顾鼎臣、沈坤	
	宣城	1	沈懋学	
	无锡	1	孙继皋	
	武进	1	杨廷鉴	
	歙县	1	唐皋	
	怀宁	1	刘若宰	
	兴化	1	李春芳	
	青浦	1	张以诚	
湖广	襄阳	1	任亨泰	3
	华容	1	黎淳	
	荆州卫	1	张懋修	
四川	新都	1	杨慎	1
山东	武城	1	韩克忠	5
	临朐	1	马愉	
	日照	1	焦竑	
	益都	1	赵秉忠	
	茌平	1	朱之蕃	

续表

省(布政使司)	县(州)	状元数	状元姓名	各省小计
江西	金溪	1	吴伯宗	17
	吉水	5	胡广、刘俨、彭教、罗洪先、刘同升	
	庐陵	1	萧时中	
	安福	1	彭时	
	新建	1	王一夔	
	铅山	1	费宏	
	进贤	1	舒芬	
	南城	1	张升	
	泰和	3	陈循、曾鹤龄、曾彦	
	永丰	2	曾棨、罗伦	
浙江	永嘉	1	周旋	20
	淳安	1	商辂	
	余姚	3	谢迁、王华、韩应龙	
	嘉善	1	钱士升	
	慈溪	2	姚涞、杨守勤	
	归安	1	韩敬	
	钱塘	2	李旻、茅瓒	
	临海	1	秦鸣雷	
	山阴	2	诸大绶、张元汴	
	乌程	1	范应期	
	会稽	2	罗万化、余煌	
	定海	1	张信	
	秀水	1	朱国祚	
	兰溪	1	唐汝楫	

续表

省（布政使司）	县（州）	状元数	状元姓名	各省小计
福建	建阳	1	丁显	11
	长乐	2	马铎、李骐	
	莆田	2	林环、柯潜	
	怀安	1	龚用卿	
	侯官	1	翁正春	
	闽县	2	陈䢿、陈谨	
	长泰	1	林震	
	永春	1	庄际昌	
广东	南海	1	伦文叙	3
	顺德	1	黄士俊	
	海阳	1	林大钦	
陕西	武功	1	康海	2
	高陵	1	吕柟	
河南	杞县	2	孙贤、刘理顺	2

明朝状元按省来分，最多的是南直隶，有 22 名；其次是浙江，有 20 名；再次是江西，有 17 名。这三个省状元总数占了全国的一大半。按县来分，状元数量最多的江西吉水，有 5 名；其次是南直隶的昆山，有 4 名。

152 清代哪个省、哪个县的状元最多？

清代共开科112次，因顺治九年（1652）、十二年（1655）分满汉榜，因此有状元、榜眼、探花分别114名。清代状元的地域分布如下：

省（布政使司）	县（州）	状元数	状元姓名	各省小计
直隶	宛平	1	陈冕	4
	安州	1	陈惪华	
	肃宁	1	刘春霖	
	南皮	1	张之万	
江苏	武进	3	吕宫、赵熊诏、钱维城	
	无锡	2	邹忠倚、王云锦	
	长洲	6	徐元文、韩菼、彭定求、王世琛、彭启丰、钱棨	
	昆山	1	徐陶璋	
	溧阳	1	马世俊	
	吴县	7	缪彤、张书勋、石韫玉、潘世恩、吴信中、吴钟骏、洪钧	
	常熟	7	孙承恩、归允肃、陆肯堂、汪绎、汪应铨、翁同龢、翁曾源	
	上元	1	胡任舆	
	金坛	2	于振、于敏中	
	阳湖	1	庄培因	

续表

省(布政使司)	县(州)	状元数	状元姓名	各省小计
江苏	江宁	2	秦大士、黄思永	49
	嘉定	3	秦大成、徐郙、王敬铭	
	金匮	1	顾皋	
	宝应	1	王式丹	
	元和	3	陈初哲、吴廷琛、陆润庠	
	仪征	1	陈倓	
	徐州	1	李蟠	
	通州	2	胡长龄、张謇	
	丹徒	1	李承霖	
	镇洋	1	毕沅	
	金山卫	1	戴有祺	
	太仓州	1	陆增祥	
浙江	山阴	1	史致光	20
	鄞县	2	史大成、章鋆	
	归安	3	严我斯、王以衔、姚文田	
	秀水	2	沈廷文、汪如洋	
	钱塘	1	周澍	
	会稽	2	梁国治、茹芬	
	海盐	1	朱昌颐	
	乌程	1	钮福保	
	仁和	4	金德瑛、金甡、吴鸿、钟骏声	
	德清	2	蔡启傅、蔡升元	
	嘉善	1	蔡以台	
湖南	茶陵州	1	萧锦忠	2
	衡山	1	彭浚	

续表

省（布政使司）	县（州）	状元数	状元姓名	各省小计
山东	聊城	1	傅以渐	6
	东昌卫	1	邓钟岳	
	潍县	2	曹鸿勋、王寿彭	
	济宁州	2	孙毓溎、孙如僅	
福建	侯官	1	林鸿年	3
	闽县	1	王仁堪	
	晋江	1	吴鲁	
江西	永丰	1	刘绎	3
	大庚	1	戴衢亨	
	彭泽	1	汪鸣相	
广东	番禺	1	庄有恭	3
	顺德	1	梁耀枢	
	吴川	1	林召棠	
河南	固始	1	吴其濬	1
陕西	韩城	1	王杰	1
四川	资州	1	骆成骧	1
广西	临桂	4	陈继昌、龙启瑞、张建勋、刘福姚	4
贵州	贵阳	1	赵以炯	2
	麻合州	1	夏同龢	
湖北	天门	1	蒋立镛	3
	蕲水	1	陈沆	
	黄冈	1	刘子壮	

续表

省(布政使司)	县(州)	状元数	状元姓名	各省小计
安徽	太湖	2	赵文楷、李振钧	9
	歙县	2	金榜、洪莹	
	桐城	1	龙汝言	
	寿州	1	孙家鼐	
	天长	1	戴兰芬	
	休宁	2	黄轩、吴锡龄	
八旗	正蓝旗蒙古	1	崇绮	3
	正黄旗满洲	1	麻勒吉	
	正白旗满洲	1	图尔宸	

状元列前三名的省份是江苏(包括今上海)49名,浙江20名,安徽9名。状元最多的县是江苏的常熟和吴县,分别有7名;江苏长洲名列第二,有6名;浙江的仁和和广西的临桂县并列第三,分别有4名。

"状元及第"铜镜

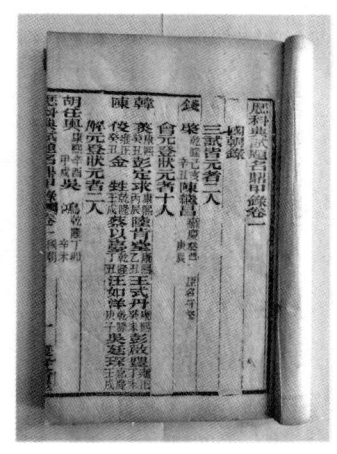

历科典试题名鼎甲录

153 清代殿试第二名榜眼和第三名探花的数量哪个省最多呢？

清代举行112次殿试，合计产生榜眼、探花228名，分别有114名，笔者依据末科探花商衍鎏在《清代科举考试述录》中的统计，将状元、榜眼和探花分省列表如下（八旗之宗室、满洲、蒙古和汉军虽不能冠以省籍，亦列于表末）：

省份	状元	榜眼	探花	合计
江苏	49	26	42	117
浙江	20	29	27	76
安徽	9	7	4	20
山东	6	5	3	14
广西	4	1		5
江西	3	10	5	18
直隶	4	7	6	17
湖北	3	5	4	12
福建	3	6	1	10
广东	3	4	4	11
湖南	2	5	6	13
贵州	2		1	3
河南	1	2	2	5
陕西	1	1		2
四川	1	1	1	3
山西		1	3	4
宗室		1		1
满洲	2	2	2	6
蒙古	1			1
汉军		1	3	4
总计	114	114	114	342

从以上统计来看,榜眼最多的是浙江省,有 29 名;探花最多的是江苏省,有 41 名。从榜眼和探花的总数来看,江苏最多,有 68 名;浙江其次,有 56 名;江西第三,有 15 名。

榜眼及第匾

末科探花商衍鎏旗杆石

154 明代科举选拔的杰出的人才有哪些呢?

有学者统计,明代进士总数为 24586 人,其中一、二、三甲进士分别为 267 人、6469 人和 17850 人。一甲三名仕途发展往往顺利,最终入阁者达 42 人,占一甲进士总数的 15.73%,占明代阁臣总数的 26.09%。二、三甲进士在观政后,分授给事中、御史、主事、行人、中书舍人等京职,或选任府推官及州、县正官。永乐年间以后,进士成为明朝高级和重要官员的主要来源。明清科举选拔的人才不仅在政治方面发挥了重要作用,而且也是明代学术、教育、艺术等领域的中坚力量,我们选择有代表性的进士列表如下:

姓名	及第年份	人物简介
于谦	永乐十九年(1421)	明朝名臣、民族英雄。正统十四年(1449)土木堡之变,英宗被俘,于谦力排众议坚守北京,后因石亨等诬告而被杀。于谦性格刚烈,《明史》称赞其"忠心义烈,与日月争光"。其代表作《石灰吟》托物言志,至今仍给人启迪与激励
李东阳	天顺八年(1464)	殿试名列二甲第一名。明朝名臣,文学家。8岁以神童身份入顺天府学。在朝50年,官至华盖殿大学士,死后赠太师。李东阳为茶陵诗派的核心人物,主持明朝文坛数十年之久
王守仁	弘治十二年(1499)	其父王华为成化十七年(1481)辛丑科状元。明朝名臣,心学集大成者。因曾筑室于阳明洞,自号阳明子,学者称之为"阳明先生",亦称王阳明。其心学传至日本、朝鲜半岛以及东南亚,影响深远。王守仁官至南京兵部尚书、都察院左都御史。因平定宸濠之乱军功而被封为新建伯,隆庆年间追赠新建侯。清人王士祯称赞:"王文成公为明第一流人物,立德、立功、立言,皆居绝顶。"
湛若水	弘治十八年(1505)	明代心学的代表人物,教育家。他与王守仁同时讲学,并称"王湛"。湛若水创建、修复和讲学于多所书院,对明代书院发展影响甚大
张居正	嘉靖二十六年(1547)	明朝政治家、改革家。万历时期任内阁首辅,推行一条鞭法,开创了"万历新政"。梁启超称他为"明代唯一的大政治家"

续表

姓名	及第年份	人物简介
顾宪成	万历八年（1580）	明代思想家，东林党领袖，因修复并讲学于东林书院，被人尊称为"东林先生"。所撰"风声雨声读书声声声入耳，家事国事天下事事事关心"成为流传最广的名联之一
汤显祖	万历十一年（1583）	明代戏曲家、文学家。代表作有《牡丹亭》《邯郸记》《南柯记》《紫钗记》，合称《玉茗堂四梦》，以《牡丹亭》最著名。与关汉卿、王实甫齐名，被誉为"东方的莎士比亚"
董其昌	万历十七年（1589）	明代著名书画家。董其昌擅画山水，以佛家禅宗喻画，倡"南北宗"论，为"华亭画派"杰出代表，其书法兼有"颜骨赵姿"之美
徐光启	万历三十二年（1604）	明代著名科学家。毕生致力于数学、天文、历法、水利等方面的研究，勤奋著述，尤其精晓农学，他与传教士利玛窦、熊三拔等人译有《几何原本》《泰西水法》，著有《农政全书》。徐光启是一位沟通中西文化的先行者，为17世纪中西文化交流作出了重要贡献
史可法	崇祯元年（1628）	明末抗清名将。北京被清军攻陷后，史可法拥立福王朱由崧（弘光帝）为帝，继续与清军作战。弘光元年（1645），清军大举围攻扬州城，不久后城破，史可法拒降遇害，以衣冠冢葬于梅花岭

除进士之外，明代的书画名家唐寅、被称为"海青天"的海瑞和被誉为"中国17世纪的工艺百科全书"的《天工开物》的作者宋应星均为举人出身。

155 近代的这些名人都是进士,你知道吗?

有学者统计,有清一代,开科112次,录取进士26849名,一甲进士342名,二甲进士8972名,三甲进士17534名,未入甲进士1名,他们在清朝的政治、经济、文化等领域都发挥了重要的作用,我们选择其中有代表性的近代进士列表如下:

姓名	及第年份	人物简介
林则徐	嘉庆十六年(1811)	清朝名臣、思想家。因其主张严禁鸦片,并于广东虎门销烟,故有"民族英雄"之誉。他主持翻译西方报刊书籍,主张向西方学习
龚自珍	道光九年(1829)	清代思想家、诗人、文学家和改良主义的先驱者。其诗句"我劝天公重抖擞,不拘一格降人才"成为千古名句。他被柳亚子誉为"三百年来第一流"
曾国藩	道光十八年(1838)	晚清名臣、理学家、文学家,湘军的创立者和统帅。曾国藩是中国近代化建设的开拓者,建造了中国第一艘轮船,建立了第一所兵工学堂,印刷翻译了第一批西方书籍,安排了第一批赴美留学生。青年毛泽东曾说:"予于近人,独服曾文正。"蒋介石评价:"曾公乃国人精神之典范。"
魏源	道光二十五年(1845)	清代启蒙思想家。他倡导学习西方先进科学技术,编著《海国图志》,提出了"师夷长技以制夷"的主张,成为中国思想从传统转向近代的重要标志

续表

姓名	及第年份	人物简介
李鸿章	道光二十七年（1847）	晚清名臣，洋务运动的主要领导人之一。梁启超在《李鸿章传》中称："鸿章必为数千年中国历史上一人物，无可疑也。李鸿章必为十九世纪世界历史上一人物，无可疑也。"日本首相伊藤博文视其为"大清帝国中唯一有能耐可和世界列强一争长短之人"
翁同龢	咸丰六年（1856）	状元。晚清名臣、书法家。先后担任清同治、光绪两代帝师，在戊戌维新中极力拔擢维新派人士
孙家鼐	咸丰九年（1859）	状元。晚清名臣，与翁同龢同为光绪帝师，他极力支持戊戌维新。筹建京师大学堂（今北京大学），并出任第一任管学大臣
张之洞	同治二年（1863）	探花。晚清名臣、清代洋务派代表人物。他主张"中学为体，西学为用"，创办自强学堂（今武汉大学前身之一）、三江师范学堂（今南京大学前身之一）、广雅书院等教育机构；创办汉阳铁厂、大冶铁矿、湖北枪炮厂等。毛泽东评价说："提起中国民族工业，重工业不能忘记张之洞。"
张百熙	同治十三年（1874）	清末教育家。担任管学大臣，主持制定的《钦定学堂章程》，是我国以官方名义规定的完整学制。他是我国近代学校教育制度的奠基人之一

续表

姓名	及第年份	人物简介
蔡元培	光绪十八年(1892)	著名的教育家、政治家。中华民国首任教育总长，1916年至1927年任北京大学校长，提出"思想自由、兼容并包"的思想，延揽学术人才。民国初年主持制定了中国近代高等教育的第一个法令——《大学令》，为中国教育、文化、科学事业的发展作出了富有开创性的贡献。蔡元培去世后，毛泽东称赞其为"学界泰斗，人世楷模"
康有为	光绪二十一年(1895)	晚清时期重要的政治家、思想家、戊戌维新运动的发动者。之后，主张保皇立宪
谭延闿	光绪三十年(1904)	其父谭钟麟为咸丰六年(1856)进士，官至两广总督。谭延闿为民国政治家、书法家。曾任南京国民政府主席、行政院长
沈钧儒	光绪三十年(1904)	法学家、政治活动家。历任中华人民共和国中央人民政府委员、最高人民法院院长、全国人民代表大会常务委员会副委员长、中国民主同盟中央主席等

此外，"晚清四大名臣之一"的左宗棠、戊戌维新的主将梁启超和中国近代爱国主义者黄炎培均为举人出身。

康有为进士旗杆石

156 科举选拔的官员在官僚体系中占多大比重呢？

唐代以来，科举出身者成为各个朝代官员的主要来源，历代中高层官员大部分是进士出身。按新、旧《唐书》，有传之官员共有1804名，其中科举出身者达634名，占官员总数的35.1%，超过了门资、武功、流外或辟署等其他出身入仕途的人数。

宋代进士科录取人数空前增加，在执政者中所占比例更高。据《宋史·宰辅表》及有关列传统计，北宋92名宰相中科举出身者达83人，约占总数的90%；在176名参知政事（副宰相）中，科举出身者达162人，约占总数的92%。元代虽然是一个科举相对较为低落的朝代，但在恢复科举取士后，进士官至显宦者也约有151名，进士群体在元代晚期的政治舞台上占有重要的地位。

明代科举出身者在官僚政治中的影响得到加强。到明中叶以后，出现了"非进士不入翰林，非翰林不入内阁，南北礼部尚书、侍郎及吏部右侍郎，非翰林不任"的现象。据统计，明代宰辅170余人，由出身于翰林院者占90%以上。

清代统治者尽管对满族人采取特别优待的政策，不

"一品当朝状元及第"花钱

少满人未经科举便入仕升迁,但清代高级官员中进士出身者约占 45%,左都御史一职进士约占 51%,总督一职进士约占 31%,巡抚一职进士约占 40%。又有学者统计,清代御史虽分满汉官,但实际上以汉官为主,人数众多,进士出身者占绝大多数,约占 91%,其余则为举人、贡生、监生等,非科举出身者不足 5%。满官人数虽然较少,但其中进士、举人等科举出身者也占相当大的比例。可见科举对唐宋以来官僚政治的影响力。

157 科举能选拔出治国理政的人才吗?

中国科举史上,人数达到 10 万人之众的进士是唐宋以来官员队伍的基干和主体,也是官员队伍中最活跃的成分。民族的兴衰、朝代的更替、国家的治乱,都和他们密切相关。进士担负着科举时代历朝的政治和行政管理重任,是帝制时代中国文官政治得以运转的重要保障。

科举制度撇开了血缘、门第、出身、家世等先赋性因素,而将无法世袭的学问作为官员录用与升迁的基本标准。这种机制改变了官员的社会地位来源,否定了士族或者贵族对政权的垄断,极大地促进了社会阶层的流动,更新了官员的成分结构,有利于澄清吏治,在一定程度上减少了

科举吉语花钱

官场请托、植党营私的机会，起码在政府机构的入口处限制了任人唯亲的腐败现象。同时唯才是取的原则，客观上保证了官员队伍具有较高的文化素质。

158 科举选拔的人才在国家危难关头能挺身而出吗？

进士出身者较为熟悉儒家统治理论和历代兴衰的经验，修齐治平、经邦济世的观念对他们有较深的影响。因此他们具有较好的政治素质，比常人更重名节和民族大义，关键时刻往往挺身而出，报效国家。

比如南宋末年誓死捍卫赵宋朝廷的文天祥、谢枋得、陆秀夫，均为宝祐四年（1256）进士，其中文天祥还是这一科的状元。再如金朝危急存亡之秋，许多进士成为尽忠尽节之士。据《金史·忠义传》统计，金末抗蒙死节的70余人中，有28人为进士出身。有学者考证出元末死节、殉难的进士达42人之多，而且，元代进士在为元朝死节效命之际往往提及自己的进士身份，显示出进士群体对朝廷国家的高度忠诚。到明朝末年，进士为国效忠死节者尤多。"明末殉难者，数千百人，进士出身者居多：如刘理顺、刘同升、管绍宁、史可法等，或全家殉难，或与城偕亡，皆忠烈可风。"在改朝换代之际，进士出身者比一般人更可能挺身而出，不惜选择杀身成仁以保全志节。这说明科举考试选拔出来的人不仅才学优秀，在道德方面也有值得称道之处。

159 科举真能让"朝为田舍郎，暮登天子堂"成为现实吗？

自从隋唐实行科举考试制度，到宋代中国社会就逐渐从门第社会转向科第社会，即人们的社会身份和地位的高低不再以血统和出身来划分，而代之以是否考中科名以及科第的高低为依据。科举是传统社会平民百姓的出路，如果说贡院犹如考试地狱的话，那它也是通向人间天堂的考试地狱。"山瘦栽松柏，家贫子读书"，"朝为田舍郎，暮登天子堂"，"茅屋出公卿"等格言反映的都是科举时代贫民子弟通过科举改变命运的企盼。范进中举的故事确实有其可笑之处，但很少有人考虑到它也反映出了"中举效应"的积极方面，即苦读可以出头，改变自己和家人的命运。传统社会很少有机会能够让人通过个人奋斗而改变自身的命运，读书应举便是难得的一个途径。不管科举造成的社会阶层流动到底有多大，有一部分社会下层的人通过科举考试跻身社会上层总是不争的事实。当时所谓"榜上名扬，蓬门增色"，不仅是统治者对读书人的利诱和鞭策，也是科举造成社会阶层流动的真实写照。

清木雕"一门三进士，父子两状元"

160 连吴敬梓、蒲松龄都落榜了，是不是有才华的人都考不上科举？

从统治者的角度而言，创立并不断改革、完善科举制度，选拔更多有真才实学的人才进入统治集团，并予之以优厚的物质与精神待遇，是为了使其成为统治者意志的忠实执行者，进而达到控制在传统社会中最有影响力的知识阶层的目的。不仅如此，统治者还通过科举来影响社会，使社会认同统治者的意志，从而夯实其统治基础。由此，选举与控制就成为科举制度的两大基本功能，这是中国古代文官选拔制度适应传统政治统治需要的结果，也是科举制度自唐宋以来长期存在的根本价值所在。

确实，有相当数量的人虽然科举考不上，但是他们也有真才实学，这一点必须承认。现在有一种思维模式，就是每当我们看到一个科举落第者有所成就时，我们往往会突出他的落第身份，甚至将他坎坷的应举经历或者落第结果视为他成功的主要动力，这可能符合实际情况，但这并不能说明科场一帆风顺就不能取得成就；我们在看到一些进士、举人出身的人有成就时，则往往会忽略他的科举出身，更不会去考虑科举及第对他成就事业的正面影响。比如，文天祥是我们耳熟能详的人物，他的"人生自古谁无死，留取丹心照汗青"的名句，连小学生都能背诵，恐怕很少有人知道他是状元出身。正是状元出身让他获得进入朝廷为官的机会，也使他有展示自己能力和气节的机会和舞台。我们很多时候一方面强调科场失意成才者的落第身份，另一方面又忽视科场得意成才者的进士、举人身份，两者之间形成鲜明的反差，使我们误以为有才华的人都考不上科举。

161 科举阻碍了中国古代科学的发展是真的吗？

英国人李约瑟曾经提出，尽管中国古代对人类科技发展作出了很多重要的贡献，但是为什么近代科学没有在中国产生？中国为什么在明清以后科技逐渐落后于西方？这就是科技史上所谓的"李约瑟难题"。很多人对"李约瑟难题"的解释是科举制度的激励结构使知识分子无心从事科学事业，因而从古代科学跃升为现代科学的概率就大大降低了。

中国的科技曾经是世界上最为先进的，明清以后科技落后于西方，原因很复杂，不能简单地将主要原因归咎于科举制度。唐宋两代重视科举，尤其是宋代科举地位崇高，是1300年中国科举史上最为重视科举的时期，但当时中国的数学和天文学都相当先进，科技水平远远领先于西方。中国科技在明代以后落后于西方的根本原因在于中国传统的思维方式，中国人的思维方式侧重宏观而相对忽视微观，擅长辩证而相对拙于实证，这与科举制度并无直接的关联。

到了清末，在西方文明传入中国的时候，中国社会遇到了"数千年未有之大变局"，整个社会环境出现了巨大的变化，中国人不得不学习西文、西艺、西政，举办新式教育，而科举制对大众的强大吸引力阻碍了新式教育的兴起和西方科技的引入，此时科举制度才真正阻碍了科学，最终导致其走向被废除的结局。

162 科举是导致中国在明清时期落后于西方的罪魁祸首吗？

在评价科举的时候，很多人认为正是由于科举制度的存在，尤其是用八股文作为考试文体，导致中国在明清时期落后于西方。尽管科举对政治、文化、教育乃至社会心理都产生了巨大的影响，但我们必须记住的是科举制度只是中国传统政治体制中的一种文官选拔制度，它不能代表传统政治的全部。无论是科举考试内容的改革，还是科举制度公正性的建设，实际上都受制于皇权。因此，尽管科举制度弊端非常明显，但造成这种局面的绝非科举制度本身，更不能将中国落后于西方的原因全部归结到科举制度上。如果说要找明清以来中国逐渐落后的原因，中国传统政治体制恐怕才是最主要的原因。

163 外国人能参加中国的科举考试吗？

唐代，近邻朝鲜、日本、越南不仅有大批留学生在长安学习，而且这些国家的不少读书人在本国也学习中国文化。他们中的不少人为了检验自己学习中国文化的效果，纷纷报名参加唐朝举行的科举考试。唐代专门设立"宾贡进士"制度，只允许外国考生参加，相对放宽条件录取一些朝鲜人、日本人、波斯人和犹太人为宾贡进士。朝鲜历史上在中国参加科举考试，考上进士并有姓名可考的就达53人。日本人也积极学习中国文化，很多日本人参加唐代的科举，考上的人也不在少数。日本人阿倍仲麻吕（中文名为晁衡）在国子监读书，成绩优秀，参加科举考试被录取，还在唐朝做官，与大诗人李白、王维等人都有私交，为中日文化交流作出了重大贡献。除了东亚一些国家之外，还有来自大食（阿拉伯帝国）的读书人也参加科举考试。唐宣宗大中二年（848），一位来自阿拉伯帝国的知识分子参加科举考试，结果考中了进士，一直留在中国做官，皇帝还准许他姓李，他的名字叫李彦升。

明代科举继续向外国人开放，朝鲜、日本及东南亚国家的读书人前往明朝参加科举考试，如朝鲜的金涛、越南的阮勤等。他们中有人在明朝做了比较大的官，比如越南人阮勤中进士之后，被任命为工部侍郎，相当于我们现在建设部的副部长，官位是相当高的。清朝实行闭关锁国政策之后，禁止外国人参加科举。

以科举制度为桥梁，加深了这些国家人民与中国人民之间的友谊，也表明科举制度在中华文化的传播过程中有着不可忽视的作用。

164 有哪些国家效仿中国实行了科举制度呢？

中国科举文化对东亚文明的发展有着重大而直接的影响。历史上日本曾一度仿效过中国实行科举，朝鲜、越南曾长期实行过科举制度。

日本在公元7—8世纪效仿唐制，以科举取士。日本科举有秀才、明经、进士和明法四科，考试内容、方法、评卷标准与唐代科举基本相同。然而，由于多数应试者都来自于专门招收品官子弟的大学寮，科举为贵族所把持，这与中国科举向广大平民知识分子开放不同。至江户时代之后，日本再未实行科举制度。

朝鲜（包括今朝鲜和韩国）科举始于958年，效仿唐代科举而建立，至1894年停废，科举在朝鲜前后延续了936年。朝鲜是除中国之外科举实行时间最长、发展最为完善的国家。科举制度的实施，使高丽官僚制度逐渐摆脱新罗时代封闭的骨品制，走向较为开放的官僚体制。

自公元 1075 年起，越南李朝仿效中国实行科举，此后陈、黎、莫、阮诸朝都采用科举，至 1919 年停废，科举在越南历史上延续了 844 年。越南文举开科 183 次，录取进士或相当于进士 2893 人，武科开科 26 次，录取 319 人。越南是东亚、东南亚诸国中实行科举最晚，停废科举也最晚的国家。

处于东亚地区的小国琉球也曾实行过科举制度。清代琉球学校"讲解师"的来源是"久米内大夫、都通事、秀才诸人中择文理精通者"。琉球所实行的只是初级的科举，大概仅相当于明清中国科举中的府州县试。

165 科举对西方国家的文官考试制度是否有影响呢？

科举制是具有世界影响的考试制度，它不仅被东亚、东南亚一些国家所模仿，而且为英、法、德、美等西方国家所借鉴。孙中山先生在《五权宪法》中说："现在欧美各国的考试制度，差不多都是学英国的。穷流溯源，英国的考试制度原来还是从中国学过去的。所以，中国的考试制度，就是世界中最古最好的制度。"科举是现代文官考试制度的滥觞，它对世界文明进程起到了推动作用。

18 世纪，以科举为核心的中国文官制度、中国文明让法国著名的启蒙思想家伏尔泰、孟德斯鸠、狄德罗、卢梭等心悦诚服，法国重农主义经济学家奎奈曾主张欧洲引进中国的科举考试制度。法国吸收科举以考试选拔文官的观念，于 1791 年开始实行文官考试制度。

自 17 世纪起，科举制在英文著作中大量出现。19 世纪中叶，东印度公司仿效科举实行文官考选制度。1855 年，在考察东印度公司的考试选才制度基础上，英国开始实行文官考试制度，科举通过英国对世界各国的文官制度产生了重要的影响。

美国的文官考试制度是仿效英国的产物，但中国的科举制度也直接影响过美国的文官考试制度。美国于 1883 年通过文官考试法案，1893 年文官考试制度正式确立。

166 科举为什么会被学者称为中国的"第五大发明"？

早在 19 世纪，当一些人主张英美仿照科举实行文官考试制度时，就曾多次将科举与火药、印刷术对西方社会发展的作用进行类比。1964 年，美国学者顾立雅认为，中国对世界文化的贡献远不止造纸和火药，现代的由中央统一管理的文官制度在更大范围内构成了我们时代的特征，而中国科举制在建立现代文官制度方面扮演过重要角色。这一说法得到了一些当代外国学者的赞同，如日本学者福井重雅便一再引用附和顾立雅的观点。邓嗣禹、刘海峰等学者经过长期研究后认为，西方的考试制度受到了中国科举制度的影响是可以成立的，科举西传说为现代西方汉学界所肯定。因此，科举制度西传欧美，确实是中国对世界文明进程的一大贡献。从对世界文明进程的影响来说，科举可称为中国的"第五大发明"。

167 科举对现代社会还有什么价值呢？

在古代中国读书至上和官本位的社会中，科举不仅仅是一种选拔官员的考试制度，它已经成为左右政治、教育、世风的主要力量，已经成为维护国家统一、维系社会秩序和传承文化传统的重要因素，其影响已经深入到社会的方方面面。正因为科举有如此强大的功能与影响力，它成为清代末年各种矛盾、弊端的会聚点。不仅如此，由于科举在中国历史上延续了1300年之久，历代统治者均结合自身的需要对科举制度进行调整，制度设计与实施效果之间出现了一定的背离。因此，我们在认识和评价科举时，既不能彻底否定其作用，也不能否认其与现代社会的密切关联。

科举虽然因清末的废止而成为历史名词，但是其公开考试、公平竞争、择优录取的合理内核，已经超越了帝制时代，具有了现代性。时至今日，无论是在中国还是世界各国，对公平、公正精神的无限渴望，对于通过公平竞争实现精英治理模式的不懈追求，以及在以考试作为选拔、测评人才的最重要手段的大背景下，科举的合理价值仍然适应于现代社会。

168 科举与高考有什么异同呢？

科举被称为古代的高考，高考被称为现代的科举。二者之间的相同之处主要有四个方面：其一，二者都是选拔人才的全国性考试，定期举行，是全国影响最大的考试。其二，二者都是竞争性的选拔考试，都在考试形式和程序上追求公正、公平。至清代，科举制度极为完善，被视为"至公之制"；高考在实践中，不断消除影响公正公平的因素，力求在考试、阅卷、录取等环节做到公正公平。其三，二者都对教育起到了促进作用。科举诱导天下读书人埋头苦读，博取科举功名以改变自己的命运，形成了"三更灯火五更鸡，正是男儿读书时"的风气；高考则激励了广大的青少年学子努力学习科学文化知识。其四，二者在改革中遇到的问题有颇多相似之处。比如，科举时代有冒籍，现在有高考移民；科举时代有区域公平与考试公平之争，现在高考有录取分数线各省有明显差异的问题；科举时代有形形色色的舞弊，甚至引发血腥的科场大案，现在高考中利用高科技舞弊等事件时有发生。

科举与高考又有明显的区别：其一，科举是一种选官考试，及第者获得秀才、举人、进士等科举功名。唐代进士及第者通过吏部铨选可以被授予不同的官职。宋代则规定进士及第者直接授官。明清时期进士及第后，除被选为翰林院庶吉士者之外，其他进士直接授官，举人也有资格任官。而高考是为普通高等学校招录新生而进行的考试，高考录取的是高等学校的新生。其二，科举与高考的考试内容不同。科举以经史文学（明清以后以程朱理学为主）为考试内容，明清以后以八股文为考试文体。而高考的考试内容非常广泛，包括人文科学、自然科学等领域。其三，科举几乎成为唐宋以来读书人入仕的唯一途径；而高考虽然对广大学生来说影响非常大，但并不是青年学子成才的唯一途径，"条条大路通罗马"对现在、未来的青年学子而言并不只是一句口号。其四，科举的及第率极低，明清时期乡试中举率仅仅是1%左右，三年才举行一次的殿试每科也只录取进士300名左右。而高考的录取率则普遍达到60%以上，不少省份已经达到80%以上。因此，高考与科举既有相似之处，又有非常明显的区别，不能一概而论。

169 科举都停废了，高考还要继续存在吗？

自1977年恢复高考以来，高考存在的问题也不断暴露，有人甚至提出取消高考。高考是我国教育的一项基本制度，是基本适应我国的社会政治、经济、文化而产生的普通高等学校新生选拔制度。尽管我们必须承认，高考制度确实有不少的弊端，确实对中小学教育产生了一定消极影响。但是，从整体上而言，高考能公正、公平地为普通高等学校选拔人才，其对我国教育和社会的影响还是利大于弊的。1958年和"文革"中废止高考，以推荐的形式录取高校学生的做法都以失败告终，最终不得不恢复高考，这充分证明高考在现代中国具有顽强的生命力。不难想象，在中国传统人际关系极为复杂、社会法制尚不够健全、社会诚信制度还没有完全建立起来的当下，如果取消高考，可能会使普通百姓产生一定的社会信任危机，进而可能会引起社会的动荡，其带来的后果比实行高考所带来的消极效果更为严重，甚至有可能是一场社会灾难。

然而，我们在认为应当坚持高考制度的同时，并不能否认高考存在的弊端，更不能以此拒绝改革，应该吸取科举被停废的教训——片面追求公平、公正而导致内容的僵化，最终无法满足社会对于近代化实用人才的需求。高考改革在保持公正、公平合理内核的基础上，应结合社会发展对人才的需要，以及社会经济的发展、新技术的进步等条件，不断改革高考的考试内容和录取形式，让高考真正实现多元评价、多元录取的理想，使高考能更好地促进基础教育阶段教育、教学的发展，为高等学校选拔出优秀人才，高考存在的价值和必要性也会因此得到真正彰显。

主要参考书目

1. 李兵. 千年科举. 长沙：岳麓书社，2010.
2. 刘海峰，李兵. 中国科举史. 上海：东方出版中心，2004.
3. 刘海峰，李兵. 学优则仕——教育与科举. 长春：长春出版社，2004.
4. 刘海峰. 科举学导论. 武汉：华中师范大学出版社，2005.
5. 刘海峰. 科举考试的教育视角. 武汉：湖北教育出版社，1996.
6. 刘海峰. 唐代教育与选举制度综论. 台北：文津出版社，1991.
7. 李兵. 图说清代科举. 天津：天津人民出版社，2016.
8. 李兵. 书院与科举关系研究. 武汉：华中师范大学出版社，2005.
9. 傅璇琮. 唐代科举与文学. 西安：陕西人民出版社，1986.
10. 程千帆. 唐代进士行卷与文学. 上海：上海古籍出版社，1980.
11. 吴宗国. 唐代科举制度研究. 沈阳：辽宁大学出版社，1997.
12. 王炎平. 槐花黄，举子忙：科举与士林风气. 北京：东方出版社，1998.
13. 陈飞. 唐诗与科举. 桂林：漓江出版社，1996.
14. 何忠礼. 科举与宋代社会. 北京：商务印书馆，2006.
15. 高福顺. 科举与辽代社会. 北京：中国社会科学出版社，2015.
16. 李桂芝. 辽金科举研究. 北京：中央民族大学出版社，2012.
17. 薛瑞兆. 金代科举. 北京：中国社会科学出版社，2004.
18. 桂栖鹏. 元代进士研究. 兰州：兰州大学出版社，2001.

19. 余来明. 元代科举与文学. 武汉：武汉大学出版社，2013.

20. 郭培贵. 明代科举史事编年考证. 北京：科学出版社，2008.

21. 郭培贵. 明史选举志考论. 北京：中华书局，2006.

22. 启功. 说八股. 北京：北京师范大学出版社，1992.

23. 王凯符. 八股文概说. 北京：中华书局，2002.

24. 邓乡云. 清代八股文. 石家庄：河北教育出版社，2004.

25. 商衍鎏. 清代科举考试述录. 北京：生活·读书·新知三联书店，1958.

26. 钟毓龙. 科场回忆录. 杭州：浙江古籍出版社，1987.

27. 齐如山. 中国的科名. 沈阳：辽宁教育出版社，2006.

28. 傅增湘. 清代殿试考略. 大公报社，1933.

29. 宋元强. 清朝的状元. 长春：吉林文史出版社，1992.

30. 李世愉. 清代科举制度考辨. 沈阳：沈阳出版社，2005.

31. 张希清. 中国科举考试制度. 北京：新华出版社，1993.

32. 王炳照，徐勇. 中国科举制度研究. 石家庄：河北人民出版社，2002.

33. 金诤. 科举制度与中国文化. 上海：上海人民出版社，1990.

34. 王日根. 中国科举考试与社会影响. 长沙：岳麓书社，2007.

35. 李双璧. 入仕之途：中西选官制度比较研究. 贵阳：贵州人民出版社，2000.

36. 田建荣. 中国考试思想史. 北京：商务印书馆，2004.

37. 许友根. 武举制度史略. 苏州：苏州大学出版社，1997.

后 记

近年来，随着对科举的研究越来越深入，取得的成果也越来越多，传播科举的方式也日趋多元化，普通大众对科举的了解也有所增加。但是，在不少人心中，科举仍然是"扼杀人才的制度""历史的垃圾""导致明清落后于西方的制度"，科举选拔出来仅是陈世美、范进、孔乙己之流，很少有真才实学者。

实际上，在很多及第者心中，科举是一种公正、公平的制度，比如唐宋八大家之一的欧阳修曾经说科举"无情如造化，至公若权衡，祖宗以来不可易之制也"。明朝的魏允贞说："科举，天下之公；大臣，庶僚之表。科举而私，何事为公？"万历十七年(1589)礼部郎中高桂甚至宣称："我朝二百余年公道，赖有科场一事。"制度缜密的科举在千百年的发展历程中选拔了大量的人才，比如狄仁杰、范仲淹、包拯、朱熹、文天祥、海瑞、林则徐、曾国藩、蔡元培等，他们在政治、文化、军事等领域都发挥了重要的作用。

人们对科举的认识会有如此大的偏差，其中重要的原因是缺乏对科举的全面、客观的认识，以偏概全，甚至以文学人物形象来评价科举。

正是有见于此，我把这些年收集的文史爱好者的一百多个问题集中予以解答，解答时在保证内容准确的基础上，尽可能使用通俗、精炼的文字，力争让读者不仅能读懂，而且还喜欢读。

在撰写过程中，我参考了前贤的科举研究成果，但限于体例、篇幅未能一一列出，再次对他们表示衷心的感谢。

湖南教育出版社的汪文达老师、初虎林老师在选题策划、书名的确定和文字修改润色方面都投入了大量的时间和精力，在此向汪文达老师、初虎林老师表示我最衷心的感谢。

因本人学力有限，其中难免会有纰漏，敬请方家、读者不吝赐教。

是以为记！

李兵

2017年8月